中国民族传统体育文化资源与产业发展研究

——以广西民族体育文化为例

ZHONGGUO MINZU CHUANTONG TIYU WENHUA ZIYUAN YU CHANYE FAZHAN YANJIU
—— YI GUANGXI MINZU TIYU WENHUA WEILI

贺小花 著

中国海洋大学出版社

·青岛·

图书在版编目（CIP）数据

中国民族传统体育文化资源与产业发展研究：以广西民族体育文化为例 / 贺小花著. -- 青岛：中国海洋大学出版社，2021.11

ISBN 978-7-5670-3022-0

Ⅰ. ①中… Ⅱ. ①贺… Ⅲ. ①民族形式体育－体育文化－研究－广西②民族形式体育－产业发展－研究－广西 Ⅳ. ① G852.9

中国版本图书馆 CIP 数据核字 (2021) 第 242473 号

中国民族传统体育文化资源与产业发展研究：以广西民族体育文化为例

出 版 人	杨立敏		
出版发行	中国海洋大学出版社有限公司		
社　　址	青岛市香港东路 23 号	邮政编码	266071
网　　址	http://pub.ouc.edu.cn		
责任编辑	郑雪姣	电　　话	0532-85901092
电子邮箱	zhengxuejiao@ouc-press.com		
图片统筹	河北优盛文化传播有限公司		
装帧设计	河北优盛文化传播有限公司		
印　　制	定州启航印刷有限公司		
版　　次	2021 年 11 月第 1 版		
印　　次	2021 年 11 月第 1 次印刷		
成品尺寸	170 mm × 240 mm	印　　张	11.75
字　　数	220 千	印　　数	1 ~ 1 000
书　　号	ISBN 978-7-5670-3022-0	定　　价	59.00 元
订购电话	0532-82032573（传真） 18133833353		

发现印刷质量问题，请致电 18133833353 进行调换。

Preface 前言

随着现代科技的快速发展，全球一体化已经成为当今世界最突出的发展趋势。这种趋势渐渐消除了地域之间、国家之间和民族之间的屏障。这种现实激起了各民族对自身文化的警醒，不同地域、不同国家和不同种族不约而同地抵制单一文化的扩张，从而不断加强了民族间文化的交流与沟通。作为文化重要组成部分的民族体育文化，无疑在其中扮演着关键角色，民族体育文化的国际交流迅速突破单一文化发展的藩篱，并在“交流—冲突—融合—发展”的循环往复中不断自检和自修。

我国与东盟人文关系密切，且山水相连、水陆相通、族源密切、交往悠久，但在双方民族体育文化交流中仍存在着不容忽视的问题。广西具有地理位置优势，在泛北部湾区域拥有壮、瑶、苗等 11 个少数民族，蕴含着丰富多彩的民族传统体育资源，如武术、舞龙、舞狮、龙舟、板鞋竞技、抛绣球等项目，并与东盟开展了别具特色的系列民族体育赛事。对中国广西与东盟民族体育文化的认同与推广进行研究，不仅是推动我国传统文化发展的内在需求，更是促进我国优秀文化走出去和提高我国国际影响力的必然选择。

借助自 2004 年至今每年一届中国 – 东盟博览会的成功举办，以及广西北部湾经济区与中国 – 东盟自由贸易区先后建立的大好机会和优势，广西壮族自治区加快开展与东盟国家之间的群众体育文化交流活动。近年来，广西与东盟各国政府层面的群众体育赛事交流合作慢慢趋于多样化、常态化和系统化。

本书从广西传统体育文化的研究现状和研究背景出发，介绍了相关的概念和理论，说明了研究内容和研究方法，对广西传统体育文化的生存环境、分布与类型、起源与特征、功能与价值评价、存在的问题及发展趋势、开发利用现状等做了具体的阐述。

本书参考和借鉴了许多专家、学者的相关成果，在此一并表示感谢。对于书中存在的不足，恳请广大读者批评指正。

Contents
目 录

第一章　民族传统体育文化概述

第一节　民族传统体育文化的内涵与特质

一、民族传统体育的定义

迄今为止，很多专家和学者对传统体育文化进行了深入的研究，研究范围非常广泛，例如从法律角度、从知识产权角度、从非物质遗产角度、从教育角度等都进行了深入的探讨和研究。而且还不仅仅于此，他们还对乡土人情、自然开发、环境保护、生产生活等方面有所涉及，经过多年的研究积累，已经取得了一定的成果，有了一些较为完善的理论和定义，但是对民族传统体育的定义还是不够完善，有些定义还不够准确，比较含糊。

任何理论或定义的形成都存在一个从不清楚到较为清楚，再到较为完善的阶段，一步一步地趋近完善，在追求完善的过程中，需要人类去不断地发展和不断地探索。民族传统体育的定义也是如此，还需要后人根据自己的生活方式及更开放的思维去进一步思考和定义，去进一步丰富和完善，使之不断得到新的寓意。

关于“民族传统体育”的定义现在还不统一，有多种说法。从表面上看，民族传统体育研究的对象是民族传统体育学，它的涉及范围广泛，涵盖内容丰富，至今没有一个得到广泛认可的定义。它的范围不仅包括中华民族的传统体育，还包括世界上其他各国民族的传统体育。在我国，民族传统体育主要是中华民族传统体育，当然也伴随着国外其他民族传统体育的渗透

我国是一个多民族的国家，有 56 个民族，无论是汉族体育还是少数民族体育，都被认为是中华民族传统体育，各民族都对中华传统体育的发展发挥了不可磨灭的作用。凡是在有中国人居住的地方，有中国人生活的地方，开展的和体育有关的活动，具有中华民族传统特色的体育活动都被称为中国民族传统体育活动。

北京体育大学教授、博士生导师熊晓正，曾在他的一本书中把民族传统体育定义为："民族传统体育是指近代体育传入前我国存在的体育形式，即1840年鸦片战争以前，我国各族人民采用并流传至今的体育活动内容、社会表现方式与价值观念的总和。"但也有一些专家对此并不赞同，如学者熊志冲则认为："中国传统体育是指中华大地上历代产生，并大多流传至今和在古代历史长河中由外族传入并在我国生根发芽的一切体育活动，其本身的性质是一种初级文化。"民族传统体育是各民族体育活动方式的写实与不断发展，是历史留给我们的一笔宝贵遗产和财富，它是人类的先辈在与自然的斗争中和在长期生活的实践中积累起来的。它不仅仅是一个或几个民族开展的体育活动，而是所有民族开展体育活动的统称。对民族传统体育的认识，要站在不同角度，要站在世界各族人民的角度去看待这个问题，这样才能使它更完善、更科学。

"中华民族传统体育"是我国各民族地区的人的一切与体育有关的活动的总称，它承载着健身、娱乐、竞技和传承民族文化等功能，反映了各个民族发展的历史文化、民族心理和社会生活，具有很强的群众性和基层性，是中华民族传统文化宝库中的一块瑰宝。

二、民族传统体育的文化内涵

文化内涵一般包括物质文化内涵、精神文化内涵和制度文化内涵。体育文化内涵则是与体育有关的三种文化内涵的整体，三种文化内涵是传统体育发展的基础、主导和保障，对传统体育文化的发展起着重要的作用，它们被称为三大要素，相互间彼此联系，协调发展。

（一）物质文化内涵

民族传统体育的物质文化内涵主要包括4个方面：

（1）民族传统体育项目本身；

（2）运动器材、器械设备方面；

（3）民族传统体育的文献典籍；

（4）出土文物、壁画及民族服饰。

下面就这4个方面分别进行阐述。

1. 民族传统体育项目本身

许多专家和学者经过长期的研究和实践，对民族传统体育起源有了共同的认识，他们认为传统体育起源与人们的生活需要有关。如学者专家梁柱认为："由于各民族所处的山川地理环境不同，从而形成了各民族的不同风俗习惯，产生了风格、形式各异的民族传统体育活动。”还有一些专家认为，民族传统体育是在人为了生存和自然斗争，和其他生物斗争，也包括人与人搏斗、宗教祭祀活动和娱乐活动中产生的各种民族体育项目。也有学者认为，民族传统体育活动来自人类的实践活动，因而，随着地域环境的不同，形成了不同的传统体育活动项目。

2. 运动器材、器械设备方面

在运动器材、器械设备方面，有的民族传统体育项目有较多的需求，有的基本没有需求。如刀、枪、弓、箭、棍、棒等是较为常见的器材、器械，通过对运动器材、器械的研究，可以更深入地去研究传统体育文化的内涵。在我国民间流传着很多民族传统体育项目，如民间流行的风筝就是其中一种民族传统体育项目，各地风筝特色不一。比较具有特色的地区有北京、天津和潍坊。这些地区的风筝做工精巧，绘有各色图案，配上各种动物、花草，既独树一帜，又各具特色。

3. 民族传统体育的文献典籍

如今，我们可以通过文献典籍了解各地的传统体育，以及各民族的传统体育。古代有《周礼》，近代有《西藏志》《中国民族传统体育志》等书籍可供借鉴。近代关于民族传统体育的文献资料数量越来越多，如《西藏志》记载，侗族有“花枪节”、藏族有“赛马节”和傈僳族有“刀杆节”等。近代最具代表性、记载最详细、收录内容最多的当属《中国民族传统体育志》，它为我们进行民族传统体育的研究提供了极大的帮助。

4. 出土文物、壁画及民族服饰

传统体育物质文化的研究还包括各种出土文物。在这些出土的文物中，有一个具有代表性的文物是“石球”，它体现了我国“蹴鞠”活动的发展，揭示了足球在中国的起源。另外，根据一些出土的历史文物和珍贵壁画，我们可以去探索和分析当时的生产力情况、生活情况及文化程度。我们还可以根据各个民族的服饰来研究传统体育。中华民族中少数民族众多，每个民族都有自己的服饰，而且在不同的节日里都会有不同的娱乐活动，因而所穿的服饰也不同。各种靓丽的服饰既体现了各民族传统文化的积淀，同时也是对传统体育文化的一种侧面展示，这些都是民族传统体育文化的重要组成部分。

（二）精神文化内涵

民族传统体育的精神文化内涵主要包括 6 个方面：

（1）追求人与自然的和谐和统一；

（2）具有守内、尚礼、恋土的民族情结；

（3）讲究伦理教化、等级观念严重、崇文而尚柔；

（4）倡导阴柔与静态之美；

（5）功利性较强，对体育存有一定偏见；

（6）群体价值本位。

下面就这 6 个方面分别进行阐述。

1. 追求人与自然的和谐和统一

人们生活在自然环境中，只有爱护自然、保护自然和自然融合，才能修身养性，达到更高境界。我国的太极拳就是一种形神相通的广受人们喜爱的体育活动，它老少皆宜，是中华民族的非物质文化遗产。

太极拳以儒、道中的太极和阴阳为核心思想，结合八卦五行深受群众喜欢。它包括以武术为主的太极拳和以锻炼为主的太极操和太极推手等。它的流派众多，包括陈式、杨式、武式、吴式、孙式、和式等派别；它的最高境界是心灵相通，达到人与自然的和谐统一。继承和发展太极拳，对弘扬中华民族传统体育文化、提高中华传统美德、增强民族凝聚力都有重要的作用。

2. 具有守内、尚礼、恋土的民族情结

守内、尚礼、恋土主要体现在体育原理方面，在竞赛中体现的是礼让为先，点到为止，如中国象棋就是具有这一特点的典型代表。中国象棋是中华民族的瑰宝，它是一种棋戏，集文化、艺术、竞技于一身，既可以陶冶情操，又能修身养性，深受广大群众的喜爱。象棋由二人对弈，分红黑两组，红方为“帅”，黑方为“将”。帅和将是棋中的首脑，是双方竭力争夺的目标。它只能在“九宫”之内活动，可上可下，可左可右，每次走动只能按竖线或横线走动一格，且要在“仕”“相”的护卫下完成攻守进退，不得随意走动、越雷池半步，充分反映出了“将帅不离位”的恋土民族情结。

3. 讲究伦理教化、等级观念严重、崇文而尚柔

中华民族发展受儒家文化思想影响较深，与之相关的古代体育也是在儒家文化思想的熏陶下逐渐发展起来的，因而，它具有尊卑有别的等级观念以及崇文尚柔的运动形态的特征。但是，由于伦理教化的过重影响，使得一些思想观念出现错误的取向，过于看重道德而抹杀了体育的健康和娱乐功能，这在很大程度上阻碍了民族传统体育的发展。

4. 倡导阴柔与静态之美

民族传统体育精神文化内涵中提倡阴柔和静态之美。如以孔孟为代表的儒家文

化倡导“乐而不淫”“哀而不伤”“中庸”等思想，太极拳这种静极之物就是在儒家文化的影响下形成的。太极拳在理论上、文化上和形式上都追求阴柔和静态之美，这些要求充分地体现了中华民族以智斗勇、追求技巧的审美心理。

5. 功利性较强，对体育存有一定偏见

在我国古代，“万般皆下品，唯有读书高”一直是社会的主流思想。大多数人都想步入仕途，从此高官厚禄，平步青云。在那个科举制度、八股取士的时代，学子们所学的内容与知识都是为了应付考试，要考什么就去学什么，功利性非常强。他们认为不学习，没有掌握过多的知识，即使很英勇也只是匹夫之勇。这些偏激的理念很大程度上抑制了传统体育的发展。如汉代一些儒生认为，蹴鞠就是在浪费人的体力，违背了人的儒雅风范。这些思想使人们逐渐对民族传统体育活动产生了偏见，极大地影响了民族传统体育文化的发展与传承。

6. 群体价值本位

在古代，我国传统文化一直推崇宗法观念，这一观念的基本特征是以家庭、家族或以血缘关系为本位，并逐渐延伸，整个社会都重视群体利益。因此，以个人为基础的竞争就受到了限制，这也很大程度地限制了民族传统体育的发展。

（三）制度文化内涵

中华民族拥有悠久的体育文化历史，民族传统体育的发展过程经历了萌芽、产生、发展、繁荣以及衰败等过程。各种体育制度虽然存在一定的差异，但还是表现出明显的稳定性与一致性。

民族传统体育的制度文化内涵主要包括两个方面：

（1）中国古代民族传统体育的相同体制；

（2）中国古代不同历史时期体育体制的差异。

下面就这两个方面分别进行阐述。

1. 中国古代民族传统体育的相同体制

（1）重文轻武。在中国古代，重文轻武的思想一直非常严重，这种观念使得体育的地位得不到提升，在一定程度上阻碍了我国民族传统体育的发展。自汉武帝“罢黜百家”之后，儒家思想便一家独大，汉朝设立了太学，在官学中，其所教的内容大多是文治方面的，涉及武艺的教学内容很少，到了后来武艺教学甚至被基本废除了，致使国民的身体素质每况愈下。“肤脆骨柔，不堪行步；体羸气弱，不耐寒暑。其死仓猝者，往往而然。”这是对许多贵族子弟最为形象的描述。至北宋以后，在宋明理学以及八股取士制度的影响下，重文轻武之风发展到极盛，在儒家思想的影响下，整个封建社会以“经学”取士的用人标准、用人制度在一定程度上阻碍了民族传统体育的健康发展。

（2）受传统教育的束缚，两汉以后，儒家的“礼乐观”和在伦理教化的错误价值取向都对我国民族传统体育产生了重要影响。还造成了“屯功利，轻嬉戏”的社会思想倾向。从儒家学者的观点来看，体育是成德成圣的阶段，不能任其发展，应该加以制约，加以约束，这在很大程度上也阻碍了我国民族传统体育文化的蓬勃发展。

2. 中国古代不同历史时期体育体制的差异

（1）夏朝—春秋时期。在夏朝—春秋时期，随着生产力的发展和社会的进步，体育有了进一步的发展，民族传统体育开始多样化和具体化。多样化主要体现在体育形式上，在军事、学校、娱乐、保健等方面都有所体现。如在国家军队中，士兵通过锻炼身体来增强战斗力，以“田猎”与“武舞”为学习的主要内容。《礼记·月令》对当时的军队训练有详细记载。

（2）战国—三国时期。此时，军事局面的主宰者不再是贵族统治阶级，战争更多依赖于部队的战斗力与个人的武艺，这也在一定程度上促进了军事体育的发展。

战国时期，各国为了提升军队作战力，提高训练效率，在士兵的训练过程中增加了武艺训练，更加注重训练的规范性和系统性，这样使得士兵的训练得到快速的提升。同时，各国还对兵种进行了分类，这样有利于分开训练，提高训练效率，对兵种的分类也有利于排兵布阵，对军事作战及军事思维都起到了促进作用。

到了战国后期，军队体育的发展也推动了其他体育活动的发展，较为突出的是娱乐体育项目，这一时期出现了很多人们喜爱的娱乐体育项目，娱乐体育项目得到了快速的发展，这些项目中包括射箭、投壶、舞龙、蹴鞠、斗兽、民间舞蹈、秋千等。

到了秦汉时期，宫廷和民间乐舞较为盛行，方仙术、行气养生术和导引术等也获得了较大的发展。

（3）西晋—五代时期。我国古代体育在西晋—五代时期盛况空前。这一时期，一些阻碍我国传统体育发展的制度开始逐渐被废除，在很大程度上促进了体育发展，特别是武术在这一时期也得到了较大的发展。到魏晋以后，玄学、佛学以及北方少数民族习俗在一定程度上遏制了传统儒学“礼乐观”的发展。到了唐朝，国家推行武举制度，重视武力，这些都促进了军事体育的发展。这时社会政治稳定、经济繁荣，一些民族体育活动、传统节令活动都得到了较为良好的发展。

（4）北宋—清朝时期。在北宋—清朝时期，重文轻武的社会风气开始逐渐盛行，严重阻碍了我国民族传统体育的发展。但可喜的是，这一时期出现了军事武学学校。学校里学习主要包括两部分：一部分是军事理论学习，另一部分是军事实践学习。这使得军事体育得到了较好的发展

三、民族传统体育的文化特质

我国传统文化主张“安土地，尊祖宗，崇人伦，尚道德，重礼仪”“天人合一”等思想，民族传统体育在这种文化背景的影响下形成了一些特有的文化特质，包括道德性、礼仪性、中庸性、等级性、整体性等。具体来讲，我国民族传统体育的文化特质主要表现在四个方面：整体性、特定的等级制度、平和不与人为争的文化理念、崇尚道德的价值取向。下面分别加以详细阐述。

（一）整体性

人与自然是相互统一的，是一个整体，我国民族传统体育的哲学基础就是天人合一，自给自足的生存方式是我国民族传统体育萌芽与成长的土壤，整体性与和谐性的统一是我国民族传统体育的追求。

古人最初认为，自然界是不能征服的，只能受自然界的约束。随着社会的发展，劳动工具的改进和生产力的提升，人类越来越多地和自然做斗争，人类认识自然、改造自然的能力大大提高，人类实践的范围不断扩大，人类征服自然、利用自然，也不断地融入自然，和自然相互统一。民族体育文化的突出特点表现在人的机体与自然的协调发展，达到“形神俱练，内外兼修”“采天地之气，铸金刚之身”的理念、实现人与自然的平衡和统一。

（二）特定的等级制度

我国古代等级制度森严，封建统治阶级制定了特定的等级制度，要求人们都要去遵循，这样才能维护政权的稳定，维护天下的“太平”。在我国民族传统体育文化中，注重礼仪，坚持先礼后兵，礼让在先。在封建社会，女子在很多方面都受到了限制。例如，有很多体育活动都不允许女子参加，因而有关女子的民族传统体育活动项目较少，而且得不到普及和推广。这些都是传统的封建思想对民族传统体育发展的束缚。

（三）平和、不与人为争的文化理念

民族传统体育活动的发展与各个民族的民风民俗，以及生活习惯都有紧密的关

系。多数民族的体育活动以健身为主要目的，他们利用空余的时间去娱乐、去表演，因而这些体育活动多数都具有娱乐性和表演性，他们通过参加活动来愉悦生活，享受生活。在一些特定的节日里，有的民族还举行有自己民族特色的体育活动，例如苗族的赛龙舟，以此来增添节日的喜庆气氛。

民族传统文化的发展不断地促进民族传统体育文化的发展，传统体育文化是传统文化的重要组成部分之一，它时刻都在汲取传统文化的精神，使其自身具有体育色彩的文化属性。

由于深受儒家思想文化的影响，民族传统体育文化崇尚中庸之道、信守顺其自然，这使得我国的民族传统体育文化安于现状，缺乏应有的竞争精神，从而对我国民族传统体育文化的长远发展产生了消极的影响。

（四）崇尚道德的价值取向

我国古代尊师重道，崇尚道德，将人的道德视为最高要求，人们推崇孔孟之道，学习儒道文化，出现了很多崇尚道德的言论。如儒家先哲推崇“内志正，外体直，然后持弓矢牢固；持弓矢牢固，然后可以言中”。司马光曾说：“投壶者不使之过，亦不使之不及，所以为中也；不使之偏颇流散，所以为正也。中正，道之根底也。”

第二节　民族传统体育文化的内容与分类

一、民族传统体育的内容

我国地域辽阔，分布着56个民族。不同民族由于地理环境、生活习俗、产生背景和发展背景等方面存在着差异，形成了内容丰富、形式多样、特色鲜明并带有强烈民族传统色彩的各类体育项目，并且代代相传，逐渐流传和发展至今。因民族传统体育项目的内容繁多，这里主要介绍8个民族传统体育项目，分别为武术、摔跤、毽球、叼羊、陀螺、木球、押加、导引术。

（一）武术

武术就是军事技术，也就是古代战争技术，它是我国民族传统体育项目，是我国传统文化的一笔宝贵财富，被国人称为国术，被外国人称为中国功夫。

中华武术历史悠久，是古代劳动人民在生活实践中发展创造的，来源于日常生活，发展于军事战争。武术内容丰富、形式多样，能修身养性，锻炼人的体魄，因而得到了广大群众的喜欢。

下面从五个方面即武术的概念、武术的内容、武术的分类、武术的动作特点和武术的价值对武术加以阐述：

1. 武术的概念

武术是一项注重内外兼修，以技击动作为主要内容，以套路和格斗为运动形式的中国传统体育项目。

2. 武术的内容

武术的主要内容是踢、打、摔、拿、击、刺等技击运动，通过徒手或者借助器械的一项身体运动，并以一定的技击方法为其技术核心。

3. 武术的分类

武术存在多种分类方法和标准，因而武术存在多个种类。

武术按照运动人数多少可以将其分为单练、对练和集体演练三种形式；按照功能分类，又可分为健身武术、竞技武术和实用武术等。

4. 武术动作的特点

武术动作的特点包括技击性、多样性、形神兼备、内外合一的特点。

由于武术的内容多、形式多样、项目类别不同，不同类别的武术项目，对动作要领及体能要求都有所不同，因而人们会根据各自的兴趣及年龄等来选择武术项目练习。

武术是一项整体运动，不仅要求人的外在形体配合，更要求人的内在精神和意识配合，达到“形神兼备、内外合一”的境界。

5. 武术的价值

参加每一项体育活动都有它的价值所在，武术也不例外。武术的价值主要体现在三方面：强健体魄、防身自卫、休闲娱乐。

武术不仅可以健身，强化筋骨，还可以增强人的体魄。同时，武术还可以调节人的内分泌系统和免疫系统功能，达到调精养神的功效。

武术可以作为一种格斗技术，用于自身的防卫，可以通过不断练习，增强应变意识、反应能力和格斗技巧。习练武术不仅能提高自身肢体的灵活性，而且能在危难之际用于自卫。

另外，武术还可以用于表演或比赛，展现武术的娱乐功能，在给人美感的同时，还能给人以顽强拼搏和坚忍不拔的精神慰藉。

（二）摔跤

摔跤是一种传统的体育活动，下面从摔跤的概念、摔跤的种类、摔跤的特点、摔跤的价值四个方面加以阐述。

1. 摔跤的概念

摔跤是两人徒手较量，以摔倒对方为胜的竞技运动，是中国最古老的体育活动与格斗技击之一，也被公认为是世界上最早的竞技体育运动。我国历史悠久，地域辽阔，民族众多，在不同的民族中摔跤的称谓不同，如“且力西”为维吾尔族式摔跤，“库热斯”是哈萨克族式摔跤，“博克”是蒙古族式摔跤，“绊跤”是回族式摔跤等。

2. 摔跤的种类

因我国民族众多，摔跤在许多民族中都有所体现，但分类不同，如回族式摔跤按照体重分为 5 个级别；蒙古族摔跤是全国少数民族运动会项目，必须按照其相应的竞赛规则完成；汉族摔跤主要按照体重划分为 10 个等级；而哈萨克式摔跤可分为 3 种形式：古老式摔跤、古典式摔跤和自由式摔跤。

3. 摔跤的特点

摔跤的特点主要有群众性、对抗性和安全性。摔跤在我国的各民族体育的发展过程中几乎都有其不断演变的发展史，而且作为奥运会的一个比赛项目，现已被越来越多的人所认可。

4. 摔跤的价值

摔跤的价值类似于武术的价值，不仅可以强身健体、用于自卫防身，还可以用于娱乐欣赏。

摔跤比赛是一种斗智、斗勇、斗技的运动，不仅要求选手反应意识要快，而且还要求选手要有出众的比赛策略，因而，摔跤比赛极具观赏价值与娱乐价值。

（三）毽球

1. 毽球的概念

毽球是又称踢毽子，是一项简便易行的健身运动，在我国流传已久，是一项汉族民间体育活动。它不仅可以锻炼筋骨、强健身体，还可以提高肢体的灵活性。据历史文献记载和出土文物证明，毽球最早起源于中国汉朝，盛行于六朝和隋唐时期。

2. 毽球的种类

毽球主要分为大毽子与花毽两类。大毽子的袖身多用鹅毛制成，橡胶做底座，高 17 ～ 18 厘米。与传统花毽不同的是，大毽子比较重，要求技巧性相对较强。如果是单人踢，就有 100 多种动作。但在大众健身运动中，大毽子更适合多人一起运动，大家你踢一脚，我踢一脚，力度较大，但动作简单，既能锻炼腿部力量，又能提高团队的协作意识。花毽的高度一般在 12 厘米左右，多用火鸡毛或雕翎做毽身，塑料片做底座。因此，花毽看起来比大毽子更美观一些，踢起来弹性也很好。花毽起落的速度，也没有太多限制，踢起来后上下翻飞，花样动作全凭自己掌控，没有特别高难度的动作，所以适合各个年龄段的人。

3. 毽球运动的特点

毽球运动的特点主要包括方便性、群众性、融合性、娱乐性等特点。

（1）方便性。毽球运动灵活方便，具有不受场地限制，个人可以依照自身安排和体能状况来确定运动量和运动时间等优势。

（2）群众性。毽球运动可以锻炼儿童的视力和反应能力，对促进老年人的身心健康也大有裨益。因而，毽球深受群众的喜爱。

（3）融合性。毽球运动不仅可以借用其他运动的场地，还可以在比赛中利用其他运动的技战术。例如，可以利用足球的踢式和踢法，以及利用排球的技战和技术等在技战术中要控制好接毽和落毽两个关键环节。这样，就可以在活动中更好地控制毽球。

（4）娱乐性。毽球运动是一种娱乐游戏，包括多种踢法，最常见的踢法是正踢，其次是反踢，另外，还有交叉踢等；也可以根据参加人的数量分为单人踢、双人踢、多人踢等踢法。毽球运动既可以锻炼身体，又能给人以精神上的享受和慰藉。

4. 毽球运动的价值

毽球运动的价值主要体现在有益身心健康、锻炼协调能力、提高其他项目运动技术等方面，可以利用自身的战术来促进其他运动的技术。

（1）有益身心健康。毽球运动在活动时，锻炼身体的每个关节，以及增强韧带和肌肉的配合，使韧带更有弹性，关节更灵活。在参加毽球活动的同时，既锻炼了身体，又锻炼了身心，一举多得。

（2）锻炼协调能力。毽球运动不仅要求运动者要有好的身体、灵敏的反应力，还要求参与者具有速度素质，以及具有协调能力等。

（3）促进其他项目运动技术。运动项目之间可以相互借鉴，相互学习，不仅包括踢式和踢法，还包括技战术等，可以彼此联系，共同提高与发展。

（四）叼羊

1. 叼羊概念

叼羊是哈萨克族民间体育项目之一，是马之力与人之力相结合的一种娱乐活动。所叼之羊是山羊。“叼羊”在哈萨克语中是“灰狼”的意思。

在新疆南疆一些地区，盛传徒步叼羊，该活动通常由村民组织，它是一种对抗性很强的运动，可以用于表演，尤其是在一些欢庆的日子里。

2. 叼羊方式

叼羊的方式有多种，主要有竞赛式叼羊和传统式叼羊两种。

（1）竞赛式叼羊方式。竞赛式叼羊作为一种比赛活动，有相应的比赛规则和人数要求，根据参赛人数的不同以及规则的不同，常分为分组叼、两人单叼和群叼等比赛项目，以最后夺得羊者或放到指定地点一方为比赛的获胜者。

（2）传统式叼羊方式。传统式叼羊方式主要是分组叼，其中还包含两人对叼。在叼羊之前，人们预先分成两队，比赛时每个队分别出一人进行比赛，两人相互对叼，决出胜负。这样反复几次对叼之后，最后大家合力叼一只羊。叼羊者要快速催马向前跑，其他人拼命追赶，追上后大家尽力争夺，夺得者又叼羊快速飞跑，其他人继续追赶。如果叼羊者无人能够追赶上，他便是最后的获胜者。

3. 叼羊的特点

叼羊的特点有传承性、独有性、民俗性、局限性、愉悦性等

（1）传承性。叼羊活动来自日常生活，本民族成员通过叼羊活动，不仅可以释放情感，还可以增进成员间彼此的交流。成员间通过比赛活动，相互协助，也增进了彼此间的情感。

虽然时代在发展，社会在变迁，但是人们对叼羊活动的传承依然在延续，在一些宗教节日、婚礼庆典中仍旧可以看到叼羊活动。

（2）特有性。叼羊是哈萨克族的民族传统体育活动，也是哈萨克族文化的一种外在表现，具有自身的特性，是在与自然环境的抗争中积累下来的，经过历代的延续和传承，已然留下独有的民族烙印。

（3）民俗性。叼羊既是一种体育活动，又是一种文化形式，它是对哈萨克族民俗活动与传统体育的一种传承和发展。这些民俗活动在活动过程中体现出了本民族的文化色彩和民风民俗，促进了民族体育的发展，使得这些约定俗成的民族活动印上民俗的特性。

（4）局限性。叼羊是哈萨克族的一种传统体育项目，有明显的地域局限性，也

有性别局限性。多数地区妇女不能参与叼羊活动，只有个别区域可以，如逐水草而居的哈萨克族人。

（5）愉悦性。叼羊活动来源于生活，扎根于生活，又娱乐于生活。在一些喜庆的日子里都会有叼羊活动，比赛的胜负已然不重要，重要的是其表演性和娱乐性，用于增添现场的喜庆气氛，起到了寓体育活动于乐的效果。

4. 叼羊的价值

叼羊作为一种民族传统体育活动，也有其自身的价值。它不仅能提高组织协调能力、强健体质，还能提高人的智慧，是力量和智慧结合的一项体育运动。

通过叼羊活动还能愉悦身心，调节情感，这也是叼羊活动的一项重要价值。任何一项体育活动，竞技性只是其中的一种表现，更多的还是人们在比赛的过程中享受比赛。单纯地为了比赛而比赛，活动便会变得枯燥无味，便会缺乏激情与活力。哈萨克族人在叼羊活动中，既丰富了自身的精神生活，又享受了民俗生活带来的乐趣，同时也把快乐带给了他人，愉悦了他人。

（五）陀螺

1. 陀螺概念

陀螺是汉族民间最早的娱乐工具，也作陀螺，北方叫作“冰尜”或“冰猴”。陀螺运动也是一些少数民族的民族传统体育项目，例如瑶族、壮族、佤族、哈尼族、彝族。其形状是上半部分为圆形，下方尖锐。从前多用木头制成，现代多为塑料或铁制成。玩时可用绳子缠绕，用力抽绳，使直立旋转，或利用发条的弹力旋转。陀螺是青少年十分熟悉的玩具，曾风靡全世界。中国是陀螺的发源地，从中国山西夏县新石器时代的遗址中就发掘了石制的陀螺。可见，陀螺在我国最少有四五千年的历史。

2. 陀螺种类

陀螺按形状大体分为平头陀螺、尖头陀螺和独角陀螺。也可以根据材质分为纸陀螺、铜钱陀螺、线轴陀螺、竹陀螺、木制陀螺、金属类陀螺等。还可以按照民族来分类，如佤族的鸡枞陀螺形似鸡枞蘑菇；满族的陀螺小巧灵活，在冰面上旋转如风；哈尼族的陀螺则形似小萝卜等。

陀螺的制作方法十分简便，仅需要把木头削成柱的形状，使其形成上平下尖的形状即可。复杂的陀螺可以挖空柱体内部，进而使陀螺内部形成一个腔体。陀螺在有两种传统的玩法：第一种是利用鞭子将陀螺抽打至旋转，旋转时间长则为胜，旋转时间短则为输；第二种是将自己的陀螺抛出旋转后撞击对方，以自己的陀螺撞击对方的陀螺，若对方陀螺被撞出圈、撞停、撞倒皆为负，这种玩法叫“撞架”。

3. 陀螺的特点

（1）对抗性、技巧性、趣味性。陀螺比赛的两个主要特点是“旋”和“准”。它的比赛方式及规则多来自云南拉祜族的陀螺比赛。比赛中陀螺的材质通常采用木质材料，陀螺形状以平头形状为主，比赛中用的鞭子一般是皮鞭，鞭子由鞭杆和鞭绳组成，也有的鞭子没有鞭杆只有鞭绳。比赛的场地要求平整光滑，场地长大约25米，宽大约15米，设有两个区域，一个是放陀区，直径为1.6米，一个是打陀区。比赛时守方先出场，先将陀螺旋放于放陀区，用鞭子击打陀螺。等待陀螺旋稳后，再由攻方进攻，攻方站在打陀区，迅速地扔出自己的旋转陀螺，通过不同角度、不同方式去大力击打放陀区的守方陀螺，旨在将守方的陀螺击死或者击出界外。同时，还要保持自己的陀螺一直在旋转，这样攻方便会获胜；否则，攻方失败。然后，再由攻方变为守方，守方变成攻方，双方角色互换，继续击打陀螺。赛局赢多者获得比赛的最后胜利，这是竞技比赛中陀螺的比赛方式。

（2）群众性。陀螺运动容易被接受且深受广大群众的喜爱，因为陀螺运动规则少，约束性小，参与性强，参加人数多。

陀螺参与者不受年龄、性别限制，男女老少皆可以参与；也不受职业限制，各种职业的人们都可以参加陀螺活动；而且陀螺运动成本低，维护费用也低，比赛规则灵活多样，不仅可在节日庆典中举行，也可在农闲时举行，不受时间限制，随意性强，还可以自由发挥。这些导致陀螺运动非常容易组织与推广，使更多的人参与比赛之中。

（3）简便性。陀螺运动简便易学，只需要一个陀螺和一条鞭子即可，规则简单，只要掌握好击打陀螺的力度和角度，便能掌控好陀螺、再找一个陪练，通过攻守转换，学会攻守时控制陀螺的注意事项，这样经过几个小时的训练，便可以轻易地学会打陀螺。

4. 陀螺的价值

陀螺运动的价值在于健身性、娱乐性和经济性。

从陀螺运动的特点我们可以发现，它不仅能锻炼人的手臂力量，还能锻炼人的腰部力量，通过全身的配合，提高人体的协调能力。比赛中通过击打对方的陀螺，可以锻炼人的观察能力以及反应能力，还可以锻炼体质，增进身心健康。

陀螺运动是一项大众运动，具有全民性和普遍性，在比赛时享受快乐，也体现了它具有娱乐性的价值所在。在比赛中，人们可以放松心情，尽情宣泄自己的情感，使人完全放松，从比赛中找到快感，享受比赛带来的乐趣。

由于陀螺运动是从生活中发展起来的，它对器材和场地的要求不高，各类人群都可以参与。不像高尔夫球、网球、斯诺克等高消费的运动项目很多人没有能力去参与，对于陀螺运动，所有人都有能力参与。一些贫困地区还借助陀螺运动的推广来推动全民健身计划的实施，同时将陀螺进行了改造，形成了产业，带动了当地经济的发展。

（六）木球

木球也是一项传统的民族体育项目，下面从木球简述、木球类别、木球的特点、木球的价值四个方面加以阐述。

1. 木球简述

回族中盛行的传统体育项目较多，其中有一项就是木球比赛，它是通过“赶毛球”和“打篮子”等一些体育项目逐渐演变而成的。木球比赛既可以展示个人的超凡技巧，又可以反映集体的默契程度，因而深受大家的喜爱，尤其是青少年。比赛的场地是一个矩形长 40 米、宽 25 米的球场。比赛有点像曲棍球和冰球的比赛，分为上、下两个半场，有两队参加，每队 5 名球员上场比赛。上、下半场各为 20 分钟，中场休息 10 分钟，每队可以在中场休息时间重新布置战术。

比赛时运动员反应速度要快，持击球板快速奔跑，这对参赛运动员的体力有较高的要求；参赛运动员间要相互配合，做好传接，为队友阻挡，将球准确地打入球门便可得分，这对团队协作能力要求较高。

木球在不同地区有着不同的叫法，在宁夏地区称之为“打篮子”和“赶毛球”等，在湖南地区有“木棒球”和“木头球”等叫法，在北京则称之为“木球”。各少数民族地区是木球的主要开展地区，其中湖南地区和宁夏地区的开展情况较好。

湖南省江华县是古代楚地的咽喉，木球在该地区的瑶族十分盛行。瑶语的“毛莱球”就是木头球。相传毛莱球起源于明成化年间（1465—1487 年）。新中国成立之后，湖南省江华县的木球运动发展迅速。1983 年，江华县将木球运动项目纳入正式比赛项目，同时还制定了木球运动的试行比赛规则和木球场地器材的相关规定。在空坪、河滩和稻田内都可以进行木球比赛，运动者使用的球和木棍可以就地取材，并且易于寻找。最开始在木球比赛的场地器材上没有具体的规定，场地依据实际地形进行选择，使用器材依照比赛的实际条件而定，器材的制作规则也不统一。比赛使用的球棍大多是运动者自备的，或者预先把比赛双方的球棍放置在一块，一个运动者把眼睛蒙起来将球棍分成两部分，随后再通过抽签来决定，随着国家对民族传统体育运动的重视，木球运动的比赛规则和传承方式也在逐渐趋于完善。

2. 木球类别

木球的比赛需要有球具和球场，球场一般为木球场，场地共设 12 球道，含有左曲道、右曲道各两个，球门处悬挂一个木酒杯。

球具也是木制，一般为原木，成本低，易于普及。球具一般包括球、球杆、球门三部分。

3. 木球的特点

间歇性和休闲性是木球运动的主要特点。

木球运动的击球时间有所限制，要在 10 秒以内完成击球，击球时要双手用力，紧握球杆，这样可以保证球能准确入门。木球比赛时参赛球员可以有一定的静止站立调整时间，这可以让球员短暂的休息，充分体现了木球运动的间歇性和休闲性特点。

4. 木球的价值

木球运动比赛时要求参赛人员双手握紧，用力挥臂，并配合腰腹发力和下肢的蹬地力量，根据身体恢复机理，参赛者由于持续地运动，运动后机体会出现一定程度的疲劳，在恢复期不仅能够恢复到原来水平，甚至能超过原来水平，身体机能能得到有效提高，同时该项运动对发展上肢的肌肉力量大有好处，具有一定的健身和健体价值。

木球比赛是一项强度较高的有氧运动，它不仅考验肌肉的耐久力，还考验心肺功能。参照运动量标准，木球比赛的运动强度达中等程度。按照国内学者认可的标准，长时间（一般在 33 分钟以上）做有氧运动可以锻炼人的肌肉，同时要进行力量性练习，这些都对健身有所益处。因此该项运动对不同年龄段的人群都具有健身价值。

（七）押加

押加是一项传统的民族传统体育项目，很多人可能对之不是很熟悉，下面从押加的简述、押加特点、押加价值三个方面加以阐述。

1. 押加的简述

押加这个名字大家看起来比较陌生，其实押加比赛又名大象拔河，它是全国少数民族运动会的一个传统体育项目，在各省市民族运动会的比赛中有该项目。

押加比赛是在一个宽 2 米、长 8 米的平整地面上进行，运动员一般按照体重分为五个级别。

在比赛的场地内有河界和中界，中间画一条线作为中界，在中界两侧划两条平行线作为河界。比赛时由两人参与，参赛者将两端打结的长约 4 米的绳子分别套在各自的脖子上，两人背靠背，分别用力爬拉绳子，爬拉运动模拟大象。哪方先将红布拉过河界，哪方便取得比赛的胜利。

平日农闲时，在牧场或田间，人们多以这种游戏形式进行比赛，在劳作的同时，享受生活的快乐。这种比赛器具简单，因而它是一项易于推广的体育项目。

2. 押加特点

押加运动是一种爆发式的项目，需要磷酸原供能，对运动员的肌肉力量、爆发力和速度，以及协调性和灵敏性等身体素质都有较高的要求。

（1）速度与力量。押加运动是一种速度与运动结合的体育运动，以肌肉工作为主。肌肉要有力量，在肌肉拉力的推动下人体向前移动。这项运动对参赛人员的爆发力有很高的要求，谁的爆发力大，谁就可能获胜。因此，平时要锻炼骨骼肌肉的收缩力量以及收缩速度，对于取得这项比赛的胜利尤为重要。

（2）有氧和无氧代谢混合供能。供能方式以无氧代谢的糖酵解和磷酸原供能系统为主，比赛需要有氧代谢和无氧代谢混合供能，运动员在比赛开始时，双脚需要爆发性快速发力，奋力向前爬行，这个过程中以无氧代谢供能为主，在比赛过程中可能会出现对峙阶段，这个过程中是有氧代谢和无氧代谢混合供能。

（3）促进身心全面发展。押加运动对比赛场地、比赛器具及参赛者的要求都不高，因而易于普及和发展多数学校都开展了此项活动，来丰富学生的业余生活。这样既开展了课外体育运动，锻炼了身体，又对学生的身心健康及全面发展起到了促进作用。

3. 押加价值

押加的价值主要展现在三个方面：教育性、健身性和普适性。

（1）教育性。押加这一民族传统体育运动在学校内进行了开展，押加走进了教学，走进了课堂，在教学的过程中学生不但得到了快乐，还锻炼了身体。

藏族和哈萨克族人民多数会进行押加运动，把该运动作为它们的民族传统体育项目。该运动不仅能够充分调动学生的积极性，而且还能够提升学生的自信心和民族自豪感。押加运动需要传承和保护，需要随着社会的发展而发展，通过学校的教学，让学生掌握好理论，并能应用于实践，为今后更好地开展及从事这项活动打好基础，使民族传统体育教育得以传承。

（2）健身性。押加运动比赛方式及比赛规则简单、易学，且人人都可以参与，因而吸引了大多数同学的参与，从而达到了该项目的本身价值——“我参与，我健康，我快乐”。这也是其他体育项目所追求的价值目的之一。

（3）普适性。押加比赛既是全国民族运动会的比赛项目，又是各省民族运动会的比赛项目。由于开展该项目方便易行，且时间不限，地点不限，年龄不限，人员不限，因而在田间、在牧场上、在闲暇时、在节假日都能开展押加比赛。

押加比赛是一项容易开展的民族传统体育项目，并且该项目还走进了课堂，有科学的理论在不断丰富它、完善它、武装它，使该项目更具完善，更具娱乐性，在传承中得以发展。

（八）导引术

关于导引术主要从导引术简述、导引术特点及导引术价值三个方面加以阐述。

1. 导引术简述

导引术历史悠久，自产生距今已有几千年的历史。最初起于汉代，在《淮南子·精神训》一书中描述的“六禽戏”就是导引术。导引术注重呼吸与吐纳的结合，它是中国的一项传统体育项目。

意、气、形有机结合是导引术最为显著的特征。通过肢体身躯对其进行练习，要达到意气结合，可以通过呼吸锻炼来进行气息练习，再通过意导气行，达到宣导气血的目的，从而增强体质，达到预防和治疗疾病的目的。

2. 导引术特点

（1）民族性。导引术是中华民族在长期的生产生活中创造而来的，它是一种养生术，重意气行结合，重实用，重和谐，是一项极具民族色彩的运动项目。

（2）讲究内外相合。形与神要内外相合，做到外在的肢体动作要与内在的意识、意念相合。传统导引术中要求神、气、形的三位一体，注重的三调——调身、调息、调心，三者相互关联。

3. 导引术价值

（1）与医学理论相融通，传统导引术以古代的阴阳学说作为理论基础，结合中医经络理论。人只有元气旺盛，才能保持身体康健，远离疾病。

（2）强身健体，促进健康。导引术的练习主要是以腰腹为核心进行各种方式的训练，经常参与练习对身体有着重要作用。导引术是一种很好的健身方式，需要注意气血运行，注意形意结合，动作轻盈、温和，属于一种有氧健身运动，并且是一种良好的养生术。

二、我国民族传统体育项目分类

（一）民族传统体育项目分类依据

1. 民族众多，存在多样性

我国是一个以汉族为主的多民族国家，由 56 个民族组成，融合了多民族的文化和体育特质，具有多元性。各民族之间相互交流，相互促进，文化相互渗透，相互融合，最终形成了中华民族文化体系这一既具有统一性又具有多样性和融合性的多元性文化体系。

2. 文化形式多样化

各民族由于地域不同，所受政治、经济和文化等因素的影响也不同，因而不同少数民族形成了各自的语言、宗教和风俗习惯，它们彼此之间存在差异。因此，形成的民族文化具有本民族的特色，也包括民族传统体育文化在内。我国的 56 个民族之间相互交流，彼此促进，一起形成了中华民族文明之林中一道道独特而又亮丽的风景，如维吾尔族的达瓦孜、汉族的武术与舞龙舞狮、侗族的抢花炮、满族的珍珠球、苗族的荡秋千、白族的老虎跳和藏族的骑马射箭。

中国民族传统体育项目是由各民族传统体育项目共同构成，并与各民族的传统文化紧密相连的，因而具有强烈的民族性。

3. 地理环境的生态性

自然环境是人类创造文化的前提条件，也是民族传统体育文化形成的客观因素和组成部分。费孝通在著作《费孝通论文化与文化自觉》中也指出，文化具有一定的脆弱性，一旦脱离了它所依附的生存环境，它就会走向灭亡。民族传统体育文化的形成与发展对自然环境、社会环境、生产方式和生活方式有着极大的依赖性，在一定的地域内，环境是文化系统形成与发展的基底和动力。

（二）民族传统体育项目分类原则

1. 依据生活实际需要

分类标准不同会有不同的分类方法，产生的实际问题也会不同，而随之解决实际问题的方法也会不同。因此，选择时要根据需要，选择恰当的分类方法和分类标准，本研究在分类的过程中主要采用按照将中国的版图以区域的形式将民族传统体育项目进行分类，为其他学者的研究提供理论支撑。

2. 实用性与科学性并举

民族传统体育项目分类要以实用性为基础，因为实用性价值高，便于体育项目的传承与发展，根据已有的规律性内容，能快捷地推广和普及体育项目。

民族传统体育项目分类标准同时要兼顾科学性，以科学性做指引，使分类依据更严谨，逻辑关系更合理。实用性和科学性是对民族传统体育项目进行分类时应该坚持的原则，实用性是基础，科学性是指导，二者相辅相成，缺一不可。

3. 主次分明，统筹兼顾

民族传统体育项目因为具有多元性，并且存在错综的复杂性，一个分类标准不能适应多元性的体系，因此在实践中要分清主次，以一个主要的分类标准为主，又需要考虑其他因素，统筹兼顾。

另外，存在一个体育项目在多个民族中共有的现象，如蒙古族的搏克、藏族的北嘎、彝族的格、哈萨克族的库热斯、回族的绊跤、维吾尔族的且力西在现代都称之为摔跤。这些少数民族的摔跤标准都仅适合本民族的特点，不适合全民族的摔跤分类标准。因而在对民族传统体育项目进行分类时，要对各项民族传统体育项目进行分类。

（三）民族传统体育项目的不同分类

20 世纪 90 年代初，原国家体委对中国区域内的民族传统体育项目进行了挖掘与整理，于 1991 年出版了《中华民族传统体育志》，收录了少数民族和汉族的近千个体育项目。学者们通过研读史料书籍和文献，结合《中华民族传统体育志》，通过不同角度，采用不同方法对中国民族传统体育项目进行了大体分类，主要包括以下五个方面的内容。

（1）按照人类学的观点，依据其内容可将民族传统体育项目分为七类：一是与生命起源有关，二是与种族繁衍相关，三是与生产活动有关，四是与文化发展程度有关，五是与种族再生或复兴有关，六是与部落战争（军事战争）有关的身体活动，七是与宗教信仰有关的民族传统体育活动。但是，随着社会的发展和人类文化的进步，这些分类显然存在着不足，需要用更科学的分类标准来进行分类。

（2）依据传统体育的性质来划分，民族传统体育项目可以划分为五类：竞技类（球类、射击类、技击类和摔跤类）、游戏类、养生类、游乐类、表演类。这种分法有其突出的优点，它凸显了体育的游乐性、表演性和保健特色，具有宏观的指导意义。

（3）依据内容和形式来划分，民族传统体育可分为竞技类（武术、龙舟、射击、球类、棋类）、养生类、表演类和游乐类。相比前两种分类方法，这一分类较为简单，但其缺点明显，对少数民族体育的划分以及武术的归类都存在较大的争议。

（4）依照民族传统体育的发展过程及成熟程度来划分，民族传统体育可分为四大类：民间传统体育游戏、少数民族体育、养生导引气功、武术。

（5）依据地域分类，可以将中国民族传统体育项目划分七大类：东北地区传统体育项目（如满族的珍珠球、达斡尔族的波依阔）、华北地区传统体育项目、华东地区民族传统体育项目、华中地区传统体育项目、西北地区传统体育项目（如维吾尔族的达瓦孜、哈萨克族的姑娘追、锡伯族的射箭）、西南地区传统体育项目（藏族的押加、苗族的爬杆会、布依族的丢花包等）、华南地区民族传统体育项目（如龙舟、抖空竹）。

第三节　民族传统体育文化的功能与特征

一、民族传统体育文化的功能

民族传统体育文化的功能主要体现四个方面：凝心聚力、教化育人、促推经济、健康益智。下面对这四项功能分别加以说明。

（一）凝心聚力

用心理学知识来解释，“心”是指个体或群体，乃至民族的内在的意识、精神、品质等的思维状态；“力”则是由内在的意识、精神和品质所外显的综合能力。

每个民族都是一个社会群体，它们都有自己统一的民族文化和精神信仰。每个民族要想永久生存，繁荣发展，就必须采取一定的手段，使民族内部形成一股凝聚力，使大家有共同的精神信仰和追求。中华民族传统体育文化也是通过特定手段来传承和发展的。

情感互勉，人际互动。在当代各民族体育运动会上，各民族选手同场竞技、亲密相处，运动中遵守统一的规则，遵从一致的礼仪，人与人之间平等相处，体育的亲和力将各族人民紧紧地团结在一起。各民族的体育文化在同一舞台展示自身的精彩内容，在相互交流、相互借鉴中发展创新，获得高度的认同。民族传统体育将各族优秀的文化融合创造，是中华民族凝聚力的重要源泉。

民族传统体育作为民族生活中自然派生的习俗文化，能够强化民族成员之间的自我认同，使民族成员凝结为一个精神共同体，产生凝聚力，对本族文化进行传承和发展。

民族传统体育活动形式多样，参赛人员不一：有以个人为参赛单位的，也有以一个族群或者一个村寨为参赛单位的。男女老少欢聚一堂，参与者为了集体的荣誉而奋力拼搏，旁观者为队员摇旗呐喊，每一个成员都自然而然地主动参与到本民族的传统体育活动中。通过这样的形式，使得每一个民族成员都能相对稳定地保持着共同性。

民族传统体育文化容易使个体成员产生文化认同感和群体归属感。这种文化认同感和归属感会使群体内产生凝聚力，继而激发每一个民族成员团结向上，自觉维护民族文化和民族精神的愿望，也使每一个个体被群体的文化所影响。这种文化认同感和归属感延伸到国家层面，既成为一国自立于世界民族之林的伟大精神力量，又是使民族在激烈的国际竞争中立于不败之地的内在因素。

（二）教化育人

民族传统体育在各民族的教育和文化传承中起到了不可替代的作用。在人类历史的早期，人们主要通过口传身授的方式传递劳动与生活技能。随着生产力发展和社会分工的扩大，为适应培养更多人才的需要，教育与生产劳动逐步走向分离，需要在专门的场所进行，这就出现了学校。

据史料记载，约在夏朝，我国就已经出现了学校。随着教育的主要形式——学校的不断成型和成熟，国家开始设立了专门学校，中华民族传统体育活动也被列为我国学校教育的教学内容之一。例如，西周时期，射、御便都成了“六艺”（礼、乐、射、御、书、数）的内容，被教育者运用到了有组织、有目的的教育体系中。

国家的巩固、社会的发展等都需要优秀的专业型与全能型人才，为有效地实现对所需求人才的系统培养。近代，我国学校体育教育中设立了以武术为主体的民族传统体育课程。到了现代社会，民族传统体育的内容更加丰富，各民族传统体育项目内容都主动地融入我国传统体育文化教育（学校课程教学等）之中。例如，在华南地区，传统武术自不必说，就是传统的南狮、舞龙、龙舟、秋千、象棋、歌舞等民族体育项目，以及源于中原一带的举石锁、踢毽子、打陀螺，北方的摔跤、溜冰、马术等，也已呈现出明显的岭南地域文化特征。它们中的许多项目现都已成为我国民族传统体育运动会正式比赛项目及学校教育的主要教学内容。

民族传统体育文化对社会和人的作用影响持久且深远，对广大民众的教育作用主要是从以下三个不同的层次体现出来。

第一层次：表层次的直接感知。广大的民众通过各种渠道直接感知具体的民族传统体育项目，从具体的民族传统体育项目中寻找该民族的风俗习惯、文化传承，以及该民族的生活方式、审美价值等，都会直接映射到群众的心里。

第二层次：中层次的参与学习。当受众直接参与到具体的民族传统体育项目学习时，就会对该项目中所包含的该民族传统体育文化的内涵、制度、规范、规则等层面直接接触。参与内容的体验与感悟程度直接影响着广大民众的后续行为，对广大民众具有规范性、指导性的影响。

第三层次：核心层次的潜移默化，广大民众通过多年的学习和体验，对民族传统体育项目的理解大多已从物器技术、制度习俗逐步过渡到民族传统体育文化所蕴藏的民族精神、民族性格、价值观念、信仰理念、思维模式等核心内涵。在这一阶段，民族传统体育所包含的文化内涵已表现为他们的运动形式、生活方式，内化为他们的生存方式和行为规范。

因此，在学校体育教育课程中开展中华民族传统体育课程，这让中华民族传统体育走入了课堂，有了文化理论作为指导。我国体育教学的内容在不断地进行丰富，这给学生提供了更多的体育锻炼的项目选择，而且有助于培养学生坚强的意志品质和团结协作的集体主义意识，更是学生了解民族文化，增强爱国情怀的有效途径之一。在道德修养和审美情趣的培养方面，民族传统体育文化都发挥着不可替代的作用。

（三）助推经济

改革开放后，人们逐渐认识到中华民族传统体育的经济价值，下面以武术为例进行阐述。

1. 教育带给武术巨大的经济利益

我国社会武术馆校的规模扩大，数量增多，质量提高，逐渐发展。自 20 世纪 80 年代以来，我国各类武术馆校蓬勃发展，带动了“产、学、研”一体化之路，促进了当地经济和文化建设发展的进程，给地方带来了较好的经济效益。

2. 以竞赛为主导的武术产业化不断完善

武术竞赛体制已经建立并不断完善，其产业化程度越来越高。我国武术比赛一般由国家体育总局和地方体育局负责或由总局委托企业举办的商业比赛等多种形式并存。特别是商业比赛的举行，属明显的经济行为，已构成了较为成熟的相关产业发展链，经济效益可观，其收入来源主要由赛事冠名收入、门票收入与赛场广告三部分组成。

3. 武术艺术表演市场日益成熟

武术与艺术，特别是与表演艺术的结合，是人们生活的需要，更是社会发展的需要。随着电影《少林寺》的走红，功夫片作为一种电影类型受到人们喜欢。武术与电影结合，使以武术为题材的电影受到观众的热捧。一系列武侠电影、电视甚至舞台剧不断呈现，如《精武门》《黄飞鸿》《大侠霍元甲》《南北少林》《神雕侠侣》《倚天屠龙记》等让观众经久不忘，获得了巨大利益和经济价值。国际功夫巨星李小龙、成龙、李连杰等更是让中国武术在世界各地大放异彩，受到全世界多国人民的追捧，武术表演开始成为一个热门行业。

4. 武术节庆活动日益活跃

随着市场经济的逐渐发展，武术的经济价值日益凸显，政府也越来越重视，许多活动还被纳入了政府举办活动的范畴，除此之外，现在我国许多民族传统体育项目的经济功能也已经逐渐被开发出来。如广东的南狮产业，早已成为佛山、番禺、肇庆等珠江三角洲地区的重要经济内容，已融入人们的生活和风俗之中，与地方民俗文化相连，与人们的生活息息相关；海南黎族的跳竹竿，已成为琼州各地旅游度假村的特色项目。竹竿舞还走入了博鳌亚洲论坛年会，成为年会上一道亮丽的风景线，外国游客亲切地称之为“世界罕见的健美操”。江苏常州、浙江温州、湖南汨罗、广东珠江三角洲地区等地的龙舟竞赛，山东潍坊的风筝节及各地的民族传统体育旅游等都给当地带来一定的经济效益。

中华民族传统体育文化能极大地满足和丰富人们的精神生活。利用体育资源，融合地域特色经济，对各民族地区经济的发展都起到了积极的促进作用，体现民族传统体育文化特殊的作用和经济价值。

（四）健康益智

世界卫生组织提出，所谓健康，并不仅仅是不患病，还应包括生理、心理、社会适应能力和道德上的完美状态。也就是说，健康是在精神上、身体上、社会适应及道德修养上保持健全的状态。结合适宜的身体运动，通过有意识的调节自身的精神状态，保持人体身心健康，已成为体育健身原理的重要本质规律，我国民族传统体育中的许多运动项目都诠释了这样的原理。如导引养生术、五禽戏、八段锦等传统体育养生项目，以及太极拳、八卦掌、形意拳等武术项目，均强调内外兼修，形神兼备。

太极拳运动具有公认的且其他项目难以复制的健身价值。太极拳是一种预防和治疗高血压病、高血脂、糖尿病，减除老年抑郁症、对延缓衰老具有较好效果的运动项目，在国外太极拳被称为“流动的药”。

在我国民族传统体育运动会开展的竞技项目中，木球、珍珠球等对参与者的身体素质都有着较高的要求。通过这些项目的锻炼，能提高身体机能。其他具有民族特色的娱乐游戏项目如跳皮筋、跳绳、荡秋千、爬杆等更适合广大群众进行锻炼通过这些项目的锻炼，可以改善和提高中枢神经系统的机能，调节人的心理，提高人体对环境的适应能力。

此外，中华民族传统体育还是技能性的艺术表现形式，既需要技艺的掌握，又需要技能的保障，具有极佳的表现力和观赏性。如我国少数民族运动会的比赛，就是一次难得的综合性艺术大餐。其竞赛内容丰富，形式多样，不仅是体育项目的优劣、高低、快慢、轻重的比拼，更是充分体现了参与者不屈不挠的斗志、奋发向上的精神、勇往直前的气魄和胆略。对于比赛节奏跌宕起伏、高潮频起的项目，观众时而为之欢呼，时而为之叹息，兴奋、焦急、赞叹、沮丧、心潮起伏，情绪激荡，人们从中获得了心理共鸣和精神享受。反之，艺术表演项目则载歌载舞，在轻松愉悦的氛围中，让观赏者体会到传统的魅力。民族节日时，自娱自乐的消遣性游戏使每一个民族成员都能参与其中，极大地增加了节日的欢乐气氛。集体活动能锻炼人，欢乐气氛能感染人，在这样多姿多彩的集体氛围中，参与者全身心投入，乐在其中；观赏者赏心悦目，接受着情感的洗涤，心灵的放松，精神的享受，起到了消除紧张神经，缓解疲劳，放松身心的重要作用。

二、民族传统体育文化的特征

民族传统体育文化是中华民族传统文化的重要组成部分，也是非物质文化遗产的重要组成部分，是人类的先辈们在大自然的长期生产中、生活实践中创造和积累起来的文化形式，能够反映不同民族的历史文化、民族心理、民风民俗、社会生活、民间信仰和价值取向等特征。其深层文化内涵是象征民族精神、提高民族价值认同感和增强民族凝聚力。通过对它的研究，可以了解当时人们的心理状态和生活情况，更能了解当时的社会发展情况，它是每个民族历史发展的一种特殊反映，包括政治、经济、文化生活等方面的展现。

任何事物都存在有区别于其他事物的本质特征，民族传统体育文化亦是如此，它具有特殊的双重属性即文化属性和体育属性，通过研读文献与实地调研发现，我国民族传统体育文化的特征主要体现在六个方面：民族性与地域性、娱乐性与竞技性、传统性与时代性、人文性与哲学性、传承性与交融性、群众性与阶级性，下面分别加以阐述。

（一）民族性与地域性

1. 民族性

当人类在发展的过程中逐渐创造出了文化，而文化又反过来指导人类生活的时候，每个民族发展的过程不同，创造出的文化也不同，分别贴上了带有自己民族文化特性的标签，人类并不能够创造出统一模式的文化形式。因此，世界各个民族的传统体育文化都表现出明显的民族性。不同的国家、地区与民族都有自己独特的传统体育：如河北沧州的武术、山东的风筝、内蒙古的骑马射箭、河南的太极拳、湖北宜昌的龙舟等都是这些地区的一种象征；朝鲜族的荡秋千、满族的珍珠球、壮族的抛绣球和蒙古族的摔跤成了这些民族的典型象征。

每个民族在其发展过程中都形成了有其各自民族特色的传统体育项目，这些体育项目散发着浓烈的民族气息与文化内涵，是各民族的象征，有着凝聚民族精神，弘扬民族文化的作用。如傣族的孔雀拳，动作优美漂亮；壮族的抛绣球，色彩艳丽；朝鲜族的顶水罐赛跑，比拼的是身体协调性；藏族的赛牦牛，考验的策略和技术：这些体育项目都是其他民族所没有的。而多个民族共有的体育项目摔跤，其名称及比赛规则都有所不同，都含有自己民族的特色。如藏族式摔跤、哈萨克族的库热斯、维吾尔族式摔跤且里西、蒙古族式摔跤搏克等，这些都称之为摔跤，但具有不同的民族风格。

我国各民族开展的传统体育项目众多，也不尽相同，但是它们都为中华民族传统文化的发展做出了贡献，它们都是中华民族优秀传统文化的重要组成部分。

2. 地域性

地域条件是各民族进行繁衍生息的必要条件。中国自古就有“北人善骑，南人善舟”“十里不同风，百里不同俗”之说，这是对不同的地域条件影响人类身体活动和生活方式的概括。我国地域面积辽阔，地域差异明显，东北地区气候寒冷，逐渐形成了以冰雪为主的体育项目；内蒙古一带草原辽阔，适合牧马骑射，逐渐形成了赛马、赛骆驼等体育项目；新疆地区降水较少，地域性特征充分表现在水上项目较少，形成了摔跤、赛跑和武术角力类的民族传统体育项目；在我国南方，江河分布广泛，因此逐渐形成了以水为主的项目，包括赛龙舟、抢花炮等体育项目。

地域的不同，逐渐形成了具有地域性特征的体育活动。当然，在同一地区开展的同一项目，由于开展的地点不同，也有可能存在一些规则上的差异。

（二）娱乐性与竞技性

1. 娱乐性

民族传统体育项目的一个重要起源就是在节日庆典中的娱乐，民族传统体育是为了满足人们精神需要而进行的文化创造活动，其娱乐成分主要包含身体技能性、谋略性和机遇性等。

我国民族传统体育文化的娱乐性很强，各种体育活动多以消遣的、游戏的形式出现，这些都会对人们产生很强的吸引力。在这些体育活动中，人们能尽情地宣泄自己的情感，释放自身的压力，在满足自身娱乐性的同时，还能和其他人一起分享活动带来的喜悦，还能增进彼此间的情感。

娱乐项目往往能增添浓烈的喜庆气氛，所以随着项目的开展，一些娱乐性的体育项目会形成一个盛会，如云南西双版纳的基诺族，每逢喜庆节日都会开展各种体育娱乐活动，如元宵节的舞龙舞狮、端午节的赛龙舟等。娱乐性同时也为民族传统体育实现持续发展提供了重要推力，这也是人们从事娱乐性体育项目的必然结果。

2. 竞技性

受奥林匹克运动和西方竞技体育的影响，尤其是受奥林匹克运动的影响，使得一些项目在世界上普及，这些比赛项目都要遵守统一的竞赛标准，使得现代体育活动具有竞技性和规范性的特征。

各地区的民族代表在大会上充分体现各民族特色，为取得比赛成绩，各队队员奋力拼搏，充分地体现了民族传统体育项目的竞技性。同时，一些体育项目经过不断改造与现代元素融合，并逐步完善比赛规则，使之逐步适应国际体育竞赛的要求，例如国际上倍受追捧的中国武术，还有太极拳、赛龙舟和摔跤等。

（三）传统性与时代性

1. 传统性

民族传统体育文化的传统性是指在社会发展的特定历史阶段上体育所受到的根源性影响及其结果，它决定了民族传统体育的形态构建。形态构建主要体现在实践形态和观念形态两个方面。形态构建是民族传统体育文化的各种属性中最基本的特征，也是起主导作用的重要特征。随着社会的发展进步，体育文化的内容也在变化和进步。文化发展的基本的规律是文化的积累性和创新性，继承原有的旧知识，取其精华，弃其糟粕，增加新的知识内容，使文化不断积累。同时，文化又在时刻变化，因为社会经济在发展，社会生产力在变化发展，这些都会促使文化也会不断地去变革、去发展、去创新。

民族传统体育文化的传统性可以分为有形和无形两部分。有形是指体育器材设施、运动项目、组织方式等；无形则是指体育的认知原则、价值取向、审美观念等，反映的多是伦理道德、精神风貌等方面的问题。如中国武术在物质方面指的是能够起到保家卫国和安全防卫的民族传统体育项目，在精神方面体现的是中华民族悠久的历史，弘扬了中华民族优秀的传统文化。

2. 时代性

社会在发展，时代在变迁，生活环境的改变迫使人为了生存要创造出更符合时代的生活方式和文化形态。各民族的传统体育文化具有与时俱进的根本性质，这也是民族传统体育文化具有时代性的体现，由于文化的不断交流与传播，使不同民族传统体育文化形态的传承与发展、发展与变化都呈现出一种与时代相适应的文化整体性价值。环境在变化，人们为了生活就必须要学着适应环境，就必须在生活实践中创造出新的文化形式以满足社会的需要和文化的需要。如蒙古族举办的那达慕大会，在新的历史时期被赋予了新的内涵，已经不是单单的竞技与娱乐，而是增加了文化与生产、贸易、旅游等产业的融合，实现了民族传统文化与现实生活的对接，凸显了民族特色，带动了地方经济的发展。如河北沧州的武术最初是保家卫国、军事战争的重要手段，但随着社会的进步与发展，被赋予了新的内涵，代表中华民族顽强拼搏的意志品质和吃苦耐劳的精神；同时与当地的经济和旅游等产业相结合，在一定程度上带动了沧州经济的发展。

（四）人文性与哲学性

1. 人文性

民族传统体育作为民族文化的一部分，具有深厚的人文特征。东方的传统生命观、健康观和与此相适应的民族传统体育项目（如健身气功、导引术、五禽戏），都蕴含着人文科学，包含辩证思想、“天人合一”思想、身心统一思想、协调配合思想等与人文有关的内容。人文的核心是“重人”，个人要与自然、要与社会融合。发扬民族文化，弘扬人文精神，振兴民族传统体育事业是我们的职责和应尽的义务。

2. 哲学性

中国传统哲学强调人要遵守自然法则，达到人与自然的统一，强调人与自然要和谐相处，不能违背自然规律。中国传统体育文化与西方体育文化蕴含的哲学思想不同：西方体育文化注重外在锻炼，通过外在的训练来强健身体，提升竞技能力；

而中国传统体育注重的是“行气”，讲究动静结合，“天人合一”的传统文化哲学思想。

（五）传承性与史融性

1. 传承性

民族传统体育文化主要传承方式是通过血缘关系、虚拟血缘关系和宗教祭祀等方式进行传承。民族传统体育文化是人们在长期的生存发展中产生的，并通过后人不断地进行继承和发扬，在传承中保留了一个民族文化中的精华，这是文化发展过程中不可缺少的一个条件。民族体育文化的传承性使一个民族的文化得以延续，同时也能展现出一个民族的凝聚力。

2. 交融性

民族传统体育文化除了具有传承性外，在其发展过程中一直与当地各民族的民族文学、舞蹈艺术和绘画艺术等相互交融，如哈萨克族的舞蹈有刀郎舞、麦西来舞和骆驼舞，新疆阿尔泰地区的阿尔泰市的体育岩画记录了当时人们的生活与体育活动，这些都与民族传统体育文化有着一定的交融性。

随着社会的进步，社会文明程度不断提高，不同民族之间的文化相互交流，相互渗透，相互融合，民族体育文化也逐步成熟起来，体育项目之间也相互融合，融合方式主要有以下三种。

（1）同一项目之间的融合，如赛龙舟、荡秋千和摔跤。

（2）不同项目之间的融合，如舞蹈与滑冰结合的花样滑冰，舞蹈与游泳结合的水中舞蹈。

（3）不同项目之间融合产生新的体育项目，如跳绳、踢毽子和拔河等汉族人喜欢的传统体育项目，同样也受到其他少数民族人们的喜爱。

正是因为民族传统体育文化具有交融性，才使得民族传统体育文化的内容更加丰富多彩，使其具有更强的生命力。

中华民族在长期发展与演变的历史进程中产生了独特的优秀文化，以丰富的内涵和多彩的形式成为东方文明的鲜明代表。民族传统体育是这一文化宝库中的璀璨明珠，它是人们长期实践经验的总结与积累，也是中华民族地理环境、社会生产、民俗生活、政治军事、宗教文化等作用于体育的产物。特殊的社会生存环境及其发展轨迹，赋予了中华民族传统体育更宏大和厚重的文化功能。

第四节　民族传统体育文化的价值与品质

一、民族传统体育文化的价值

民族传统体育是中华民族文化的重要组成部分，它是在人类的生产生活实践中产生，并慢慢地发展起来，与各民族的生产和生活息息相关，并扎根于各民族的文化中。

民族传统体育文化是一种传承的民族文化形式，它充分地体现出民族心理。

民族传统体育是现代体育的重要来源，在它不断地发展演变中体现自身的文化价值，紧跟时代的潮流。因此，我们要用发展的眼光去看待民族传统体育文化，让它随着时代的进步而不断更新完善，能充分体现出现代体育的观念和新的文化价值。

民族传统体育文化的价值主要体现在以下六个方面："强身健体，身心兼练"，即追求身体和身心全面发展；"丰富精神生活，提高生活质量"，即精神需求和生活质量全面满足；"发展民族心理素质"即增强民族情感、意志、性格、气质和民族自我意识；"传承教育与文化"，即弘扬体育文化，并加以传承；"促进经济快速发展"，即在注重体育文化发展的同时与经济齐飞；"培养民族认同感，增强凝聚力"，即培养人们的团结意志、协作精神和民族情怀及爱国情怀。

下面针对这六个方面分别加以详述。

（一）强身健体，身心兼练

民族传统体育文化的价值之一是"强身健体，身心兼练"，即追求身体和身心全面发展。

民族传统体育活动来自人们的生产生活实践中，与人的实践活动联系紧密。它要求人们参与运动时要全身心投入，追究体育活动的价值所在，这样既能娱乐身心；又能改善体质，提高人民健康水平。因此，民族传统体育运动的目的之一是以健康为主，追求强身健体、益寿延年。

强身健体是其功能之一，通过体育运动锻炼能提高人的运动能力，改善和提高人的中枢神经系统机能通过体育运动锻炼，还能调节人的心理，提高对环境的适应能力对于青少年而言，体育运动锻炼还能促进其生长发育及脑力的开发。

我国民族传统运动会中开展的竞技项目均对运动员的身体素质有着较高的要求，

目的是能全面提高运动员的身体各项机能。而一些具有民族特色的娱乐游戏类项目，像跳绳、爬杆、拔河、荡秋等运动更适合广大群众进行锻炼，这些项目开展的目的就是让广大群众进行健身锻炼。经常锻炼，不仅可以使身体强健，提高身体的柔韧性，还能愉悦身心，促进身心全面发展。

当今社会，生活节奏越来越快，工作压力越来越大，参加体育锻炼已然成为越来越多的人的主动选择。他们锻炼强健身体是其次，更多的是为了在锻炼中释放工作压力。因此，体育运动健身价值的开发越来越广泛，体育健身在未来社会中发挥着更加重要的作用。

（二）丰富精神生活，提高生活质量

民族传统体育文化的价值之二是“丰富精神生活，提高生活质量”，即精神需求和生活质量全面满足。体育运动功能很多：能增强人的体质，提高肌体活力，还能发掘人的潜力，除此之外，体育运动还能调节人的心理，并满足人的精神需求。

保持人们的健康精神和提高生活质量是体育运动文化的价值中所体现的一部分参加体育运动以娱乐身心为主要目的，民族传统体育能够满足人的身心需要，而且还与文艺、民族舞蹈等融合在一起，这样，不仅丰富了民族传统体育节目的多样性，而且更能体现其娱乐性。

在各色各样的民族传统体育活动中，人们在享受着这些运动的同时，也在受着这些民族传统文化的熏陶。这些体育活动不但能使参与者身心愉悦，而且还能帮助他们拓宽社会交往，增进情感交流。进行体育锻炼还能让人们时刻保持一种积极向上、乐观开朗的心态。

随着社会的发展，也带动了体育运动的发展，为了更好地满足人们的精神需求和提高生活质量，体育功能也朝着多元化的方向发展，体育运动形式日益丰富和多样化。

（三）发展民族心理素质

民族传统体育文化的价值之三是“发展民族心理素质”，即增强民族情感、意志、性格、气质和民族自我意识。体育运动具有广泛性和社会性，致使体育已成为国家中最强有力的文化传播工具之一。因此，很多国家都非常重视体育的发展，我国也不例外，每年在体育方面投入的经费比例都很大。因为体育精神代表着一个国家的文化程度和精神面貌，同时，也是一个国家国力强盛的体现。

要国家强盛，就要振兴民族文化，这离不开民族精神。而体育文化是一种民族精神的象征，它能维系民族感情、增进民族的团结和凝聚力。

民族传统体育文化的功能之一可以提高民族心理素质，这些素质包括民族情感、意志、性格、气质及民族自我意识等。体育作为一种全球化的社会文化活动，有利于增进国家之间的友谊，也能促进人际关系，同时也是拓宽人际交往的一种有效渠道，还有利于改善民族关系，促进各民族地区的经济与文化交流与和谐发展。

（四）传承教育与文化

民族传统体育文化的价值之四是“传承教育与文化”，即弘扬体育文化，并加以传承。

从民族传统体育产生到发展，它始终与教育有着非常密切的联系。民族传统体育作为教育的内容和手段，教育作为民族传统体育的理论和指导，它们相互促进，相互融合，在传统民族体育历史发展的过程中发挥了积极而重要的作用。

人类早期阶段，由于没有文字和书本，所以民族传统体育是通过身体活动的方式来实现的，例如通过娱乐游戏和舞蹈等来传达，据《中国古代教育史》记载：“人们不仅能在生产实践、社会活动中受到教育，还能在政治、经济和文体活动中受教育，他们利用游戏'竞技、舞蹈、唱歌、记事符号等进行教育。”

到了西周时期，由于生产力的进步，民族文化也随之进步，教育内容得到发展和扩大，学校教学以“六艺”为主；到了春秋末期，孔子将“六艺”中与体育有关的内容列入了教育的范围；唐代出现了武举制；宋、明、清时期，出现了武技；近代，民族体育正式走入学校体育课程，从而进一步确立了民族体育在教育中的地位；中华人民共和国成立后，成立了体育学科，也出现了很多体育高校，包括北京体育大学、上海体育学院、武汉体育学院、成都体育学院等国内顶尖和高水平的大学。民族传统体育在高校教育中得到了快速发展。除此之外，还有一些民族传统体育项目被编入了幼儿园和小学的体育课，如秋千、跳山羊、武术、抛绣球。

将民族传统体育融入体育教学中，不仅丰富了学校的教学内容，更激发了学生的学习积极性，更加重要的是培养学生坚强的意志和团结协作的精神，弘扬中华民族美德，使中华传统美德得以不断传承和发扬。民族传统体育在文化传承的过程中，不断培养民族认同感，广泛弘扬民族精神，充分体现着自身的教育价值和意义。

（五）促进经济快速发展

民族传统体育文化的价值之五是“促进经济快速发展”，即在注重体育文化发展的同时，与经济齐飞。体育运动的发展需要物质和人力、财力的支持，因此民族传统体育的广泛深入开展，需要大量的财力支持，同时也具有巨大的经济价值。体育运动的发展也会带动相关产业的发展，带动经济振兴，促进经济发展。

我国一些民族传统体育项目在20世纪80年代后期开始逐步走向国际，这也极大地拓展了其活动空间，由此带来的联动效应推动了民族传统体育的产业化。中国的武术用品生产厂家就是在这样的条件下产生和发展起来的，而武术馆校也遍布全国各地，达到上万家之多，由此带来了良好的经济效益。

20世纪90年代以来，开始产生了一系列武术盛会和武术节。举办武术节产生了良好的经济效益，一次盛会有可能获得上亿元资金的收益甚至更多，由此聚合了大量的人流、物流和资金流。这些为形成体育产业链提供了便利条件，为拉动地方经济增长做出了巨大的贡献。

随着时代的不断发展，人们对物质生活和精神生活的追求日益提高，这些促使民族传统体育迈出新的步伐，在这些改变中会越来越凸显出民族传统体育在人类社会生活中的重要地位和价值。

（六）培养民族认同感，增强凝聚力

民族传统体育文化的价值之六是“培养民族认同感，增强凝聚力”，即培养人们的团结意志、协作精神和民族情怀及爱国情怀。

民族传统体育很容易使参赛人员进行情感交流和思想交流，能不断增进相互间的了解。民族传统体育还增强了民族内部认同的效果，使人民思想统一，从而实现对国家和社会的认同感。

二、民族传统体育的文化品质

中华民族传统体育包含着诸多不同的民族体育形式和亚文化系统，是中华民族文化和体育文化的聚合。在这个聚合体中，以汉族民族体育为主导，融合了各个民族体育的精髓，形成了内涵突出、外延广泛的文化品质体系。

中华民族传统体育是一个历史悠久的体系，容纳着中华民族成百上千年的文化特质，是中华民族文化的体育文化的漫长积淀成果。在这个积淀成果中，保持着中华民族特有的价值体系，也吸纳了无数的异质文化优秀成就，形成了底蕴深厚、表现丰富的文化品质体系。

中华民族传统体育文化品质的庞大和悠久，得益于它能够在长期相对封闭的自然环境中悠然自得地将渗透其中的诸多因素进行充分的融合，最终形成具有独特本质和属性的稳定的文化品质。

（一）影响中华民族传统体育文化品质的因素

主流意识和文化惯性是对中华民族传统体育文化品质产生深刻影响的两种因素下面分别加以详细说明。

1. 主流意识的影响因素

一定时期内一个社会占主导地位的意识形态一般是国家意识形态，包括整个国家的主体价值观念、治国理念和政治思想等主流意识包含各种社会学说，例如政治、经济、哲学、法律、道德、艺术、宗教；主流意识还包含各种思想观点和思想体系。其中，主流意识中最核心的意识是政治法律思想。政治法律思想是占统治地位的阶级在日常生活中的一些决策的集中体现，包括政治纲领、执政理念、方针政策、价值取向、行为准则等。

中国历史各个朝代的不断更迭，统治阶级的主流意识也在不断演变，已具有悠久的历史，主流意识促使中华民族社会不断发展，文化不断积淀。

主流意识在对社会发展、文化发展起着影响时，它自身也会受到各种思潮的影响，如“六经”理论，它是对中国政治的主流意识产生巨大影响一种理论。

概括地讲，中国历史各个阶段都存在着多种思潮，各种思潮共同影响和相互作用，一同影响着中国政治的主流意识，主要体现在“尊君”“重民”两个方面。这两个意识范畴，既相互对立，又相互依存。

这些主流意识对中华民族传统体育文化产生了巨大的影响。

2. 文化惯性的影响因素

世界上很多国家和地区的文化都出现了断裂层，而中国的传统文化却保持着高度的连续性，因此中国的文化具有较强的稳定性和文化惯性。

文化惯性是一种共识文化，是经过长期的积累和升华后形成的。在一定的历史条件下，文化惯性会使人们自觉地遵循共同的价值观念和行为准则，以及表现出持久的内在力量。

文化惯性是一思想观念、价值判断，对社会的进步和文化的发展都起着积极的推动作用一文化惯性作用于社会，又影响着文化事业的发展。

中华民族传统体育文化在主流意识、文化惯性的双重影响下，使其文化品质也具备了与之相吻合的特征和表现。

（二）中华民族传统体育文化品质基本构成

中华民族传统体育文化品质主要包括“仁爱”“礼教”“责任”“社群”等构成内容。

1.“仁爱”品质

在中国的思想意识体系中，最重要的概念就是“仁”。“仁”是自我对他人的态度，对他人的关怀和爱护，或者是对他人施以恩惠。

中华民族传统体育文化中蕴含着中华民族文化的“仁”的成分，发挥着极其重要的价值力量。以“仁”为坐标的中华民族体育文化，其价值力量有能使人们看到“仁爱”的光芒，是一种对攻击性的疏导式升华。

在中华民族传统体育中，曾经有专门的项目直接地进行着“仁爱”的教育，比如唐代的十五柱球戏，时称“木射”。在唐代陆秉的《木射图》一书中记载有这项活动的方法：在场地的一端，设置十五个筒形平底木柱．在每个木柱上分别用朱笔写“仁、义、礼、智、信、温、良、恭、俭、让”十字和用墨笔写“傲、慢、保、贪、滥”五字。在场地的另一端，参赛者用木球抛出击倒木柱，以击倒写有红字的木柱为胜，击中写有墨字的木柱则为败。因这项运动以球当箭，以木柱为靶，故称“木射”。由木柱上的字看，这显然是一项寓德育于体育的活动。对“仁爱”积极地诱导，可以有效地弘扬人性之善。

2.“礼教”品质

中国古代的文明可以被称之为“礼教文明”，“礼”占据着十分重要的地位，构成礼仪之邦的根基，辐射影响着东方文化。“礼，经国家，定社稷，序民人，利后嗣者也。”“礼”的实践是行仁的基本方式，原为贵族社会的生活礼仪，后来这项具有社会控制作用的内容被广泛地运用于人的行为规范，成为人们文明自律教养的基准。“君子敬而无失，与人恭而有礼，四海之内，皆兄弟也。”“礼”成为中华民族的文化品质。“礼”具备精神、态度和规定等层级，“敬让他人”是为礼的精神，“温良恭俭让”是礼的态度，礼仪化的行为模式是礼的规定。自成体系的“礼”成为和谐社会的有力保障。

当社会处于太平状态下，人处于平和情况下，“礼”的实施和表现不会遇到挫折。而当社会出现动荡，人面临威胁时，“礼”的作用和能量似乎显得十分羸弱。在人的进化历程中，自然属性拥有强大的能量，随着社会化程度的加深，人的思想意识才逐步得到提升，表现出文明的状态。在遇到困境时，人的自然属性会被激发发现，人更多的是遵循自然的法则保护自己。社会规范的力量只能在人具有强烈的意识状态下才能完整地发挥作用。因此，时刻保持人的意识是人化的重要方面，是社会有序稳定的重要保障。在这个方面，体育是一种比较有效的方式和方法，在极端状态下，通过“礼”的约束，降低人的自然属性程度，提高人的社会属性，使人达到“敬让他人精神”的高度，并时刻保持这种品质。这种通过外力作用引发人的自觉的措施得到了统治集团的高度重视，也得到了人们的普遍认同。

在中国古代教育体系中，“礼”成为首要的内容。“六艺”中以“礼”“乐”为基础，随后才是“射”“御”和“书”“数”。礼教观念为主体的教育普及不仅决定着群体和民族思维方式，更是一种决定文化走向的根本前提。

在民族传统体育中，“礼”成为一种追求的目标，成为一种传承文化规范的约束力量。民族传统体育在“礼”的具体化、普世化中做出了突出贡献，其中“射礼”最为典型。射礼当时分为两大类：大射礼、乡射礼。大射礼是天子、诸侯、卿大夫的射；乡射礼是卿大夫、士、国人的射。根据不同的用途与目的，大射礼又分为大射、燕射、宾射三种。乡射礼有两种：三年一次的乡射之礼和春秋两季的乡射。不同的射礼，所奏乐不同，设置的侯（箭靶）不一，这自然是为区分等级，以便“明君臣之义”“长幼之序”。而且，还要求每个射箭的人，一切动作都要合乎周礼的规范和要求。正如卡西尔所言人是符号的动物，人类的确巧妙地运用着各种符号对自身和自然进行着深刻的改造。通过“射礼”这类符号化活动，进一步明确了人类言行的规范，有利于提高人的社会化程度。民族传统体育活动无论竞争程度如何，都包含着“礼教”，以娱乐为主的投壶中拥有礼仪，以角力争锋为主的摔跤中也有礼仪，“礼教”融入了中华民族传统体育文化的各个方面，成为民族传统体育文化的核心品质。中华民族传统文化的强大辐射作用，影响着周边的东南亚各个国家的文化。从这个角度而言，体育文化的人化程度决定着它的生存，体育文化的品质高低决定着它的发展，体育文化的不断进化决定着它的长久。

3.“责任”品质

中华民族自古一直盛行“忠孝仁义礼智信”，至今已有几千年的历史。其中的“忠”“孝”“智”“信”都是要求个人应尽的职责：“忠”是指要对国家尽责，“孝”是指要对父母尽责，“智”是指要对社会尽责，“信”是指要对他人尽责等。

北宋杰出的思想家、政治家、文学家范仲淹在《岳阳楼记》中有诗云“先天下之忧而忧，后天下之乐而乐”，就是要把国家和民族的利益摆在首位，应为祖国的前途、命运分忧尽责，为天底下的人民幸福而尽责出力。南宋文学家文天祥的《过零丁洋》中有千古名句“人生自古谁无死，留取丹青照汗青”，也充分体现了应为国尽责的高尚品质。这些都是中华民族责任意识的集中体现。

中华民族传统体育是修身的重要组成部分，民族体育的强身健体的本质功能是人类活动中最切实、生动地实现潜移默化文化修身的过程由于在体育活动过程中，人充当着不同的角色，出色、成功的扮演角色实际上是一种自我修炼，“知人”的过程，恰好吻合中国传统文化向内探求的主体性道德精神，律己修身、自我超越以求维护人伦关系的逻辑轨迹与慎独、内省、自讼、主敬、集义、养气等内在涵养塑造密切关联，通过中华民族传统体育的身体行为实践，律己的自我有意识地作用于放任的客体自身，使民众身体强健、心理健康、品德高尚、坚定节操，可谓是内外兼修，充分实践着中华民族“内圣外王”理念。

对于一些团体项目，如赛龙舟、游泳比赛，为国家尽责是大义，同时，还要为队友尽责，和队友默契配合，最终赢得比赛，这些都是体育文化的“责任”品质所在。

4.“社群”品质

人在社会化进程中，从个体走向社群，成为社会的主体。

中华民族传统体育还将人群从家庭这种初级群体中分离出来，形成一个特定的群体，构成以师承关系维系的体育社团，从中强化社群意识，实现家与国的衔接。比如守德的习武群体。宋代的各种结“社”便是典型案例。

中华民族习武之人注重武德的培养，他们信奉“尊师重道”“以武会友”“点到皆止”“身心双修”等理念都是具体化的道德规范和表现，这些皆被称之为中华武德，得到了广大习武人群的普遍认同和遵循。

随着社会的不断发展，文化的不断积淀，这些行为规范与准则在不断完善、不断充实，使得中华民族传统体育文化具备了社群品质。

（三）“健身修心、德技改馨、成己兼善”品质

中华民族传统体育的三大文化品质就是——“健身修心、德技双馨、成己兼善”。下面分别就中华民族传统体育的三大文化品质加以阐述。

1.“健身修心”

中华民族传统体育的三大文化品质之一就是注重修身同时也修心，既要强健人的机体，又要锻炼人的身心，还要磨炼人的意志，这正是受到中国传统文化影响的结果。中国传统文化注重“天人合一”，道法自然，以人为本，达到身心双修。这些文化品质在不断地影响着中华民族传统体育活动，也是中华民族传统体育中的特化，追求身体素质和意志的全面发展，可谓身心双修。

2.“德技双馨”

中华民族传统体育的三大文化品质之二就是既追求道德修养提高，又追求竞技能力提升，即“德技双馨”。它指人要以道德为本，要尚义薄利，注重道德修养，培养高尚的品德；同时，要追求竞技能力的不断提升，使德技两方面得到均衡发展。

中华民族传统体育首要的追求是道德修养，将身体行为纳为完善道德的系统之中，使人们在从事艰苦的人体文化中历练达到君子人格，做到谦德不争，争而有节。

3.“成己兼善”

中华民族传统体育的三大文化品质之三就是在追求自我完善的同时，更要以群体利益和国家的利益为重，把群体利益和国家的利益放在首位。在中华民族家国一体的文化环境中，个体所处的地位决定了人要在成己、修己、“独善其身”后更加追求“兼善天下”的社会义务，以求完成报效国家的重任。而非西方竞技体育过分强调个人权利，忽视群体和国家利益，私盛而公衰。

“健身修心、德技双馨、成己兼善”作为中华民族传统体育的文化品质，始终发挥着激励作用，在全球化进程中，这种以塑造生命、人性价值为宗旨的文化品质将会发挥更深远的影响。

中华民族传统体育文化价值是中国对人类文化的贡献，是值得不断提炼的，是需要后人一代一代去继承、完善并推广的一种普世文化。

对于一些集体性的民族传统体育运动，人们在参与过程中可以培养彼此间的团结、协作精神。通过这些体育运动人们的群体意识得到了加强，另外，群体性的民族传统体育运动还对增强民族认同感和凝聚力起到重要作用。而那些竞争性较强的运动，往往更能培养参与人员间的集体荣誉感，达到群体成员彼此间相互认同的效果。

民族传统体育作为一种文化载体，在对加强民族团结、促进国家兴盛等方面起着越来越重要的作用。

第二章　民族传统体育文化产业解读

第一节　民族传统体育文化产业的市场化分析

民族传统体育产业是社会分工细化的产物。在人类社会分工裂变过程中，脑力劳动从体力劳动中的分离可谓具有特殊的意义，它使得运用智力进行创造成为可能。亚当·史密斯指出，劳动生产力上最大的增进，以及运用劳动时所表现出的更大的熟练、技巧和判断力，似乎都是分工的结果。正是有了分工，智力创造才得以发展，才产生了专门从事物质与精神文化创造的特殊部门与人群。而民族传统体育产业的出现则是社会分工进一步细化反映在体育文化领域的结果，它根植于人类精神文化供求的土壤，又独具特色，自成体系。它应既是传统文化产业的重要组成部分，又是传统文化产业新的发展形式。

一、民族传统体育产业化面临的机遇

（一）民族传统体育的功能和价值不断被大众认识

随着人类社会的进步，特别是现代体育科技的发展，民族传统体育自身的特征及与各种社会现象之间的关系不断被揭示出来，其作为传统文化和民族精神的象征，除了起到健身、娱乐、教育、表演、竞赛等功能外。对于振奋民族精神，唤醒民族意识，维系民族感情，增强民族凝聚力也有重要作用。如布朗族的藤球以及舞狮、赛龙舟、拔河等体育项目，它们不仅能传承民族文化，而且能增进民族的团结和凝聚力，在保持社会规范等方面也起到重要作用。

（二）现今社会呼唤民族传统体育

人们的体质状况与健康水平，直接制约着社会经济的发展，也直接影响着个人与

家庭的幸福和生活质量。然而，随着社会进步和科技发展，人们参与体力劳动的机会越来越少；并且由于生活节奏的加快，生活压力的递增使人们的身体素质逐渐下降，抵抗疾病的能力减弱，许多现代疾病如糖尿病、精神病、冠心病、癌症等的发生与人类的生活环境恶化、生活方式不正确、心理紧张、社会关系复杂等有着紧密的关系。医学研究表明，严重缺乏运动是导致以上疾病的最直接因素。受传统文化的影响，我国民族传统体育活动方式形成了“修身自养”的特点，使人在刚柔相济、神行统一的舒缓节奏中获得与自然的和谐，达到精神境界的升华。而且民族传统体育是寓意于阴阳、身心兼练的活动，大都具有自我修复、调整和保健功能，寓健身、治疗、预防疾病于一体，经常练习者可达到祛病健身、延年益寿的功效。

可以说，民族传统体育不仅在健身强体功能上具有重要作用，而且在促使神经疲劳的恢复，消除大脑紧张和预防各种现代“文明病”等方面具有其他体育项目难以替代的优势。

（三）民族传统体育产业化有广阔的发展空间

随着收入水平的不断提高、生活观念的更新，人们的消费结构也在不断优化，百姓一改以吃、穿为主的传统消费格局，出现了享受资料消费额攀升的新趋势。收入水平的提高和消费观念、消费结构的变化有利于民族传统体育产业化的发展。从消费者的角度看，体育消费的产生客观上需要三个条件：一是要有健康投资的消费观念；二是要有实际的支付能力；三是要有比较充裕的余暇时间。三者缺一不可。当今，人们余暇时间增多（如双休日），这为民族传统体育消费的形成和发展提供了时间上的保障。目前，我国居民的消费正在从以物质需求为主的温饱型向以非物质需求为主的精神文化型过渡，人们的健康意识和生活质量意识不断增强。随着人们收入水平的提高，人们对健康和生活质量自然增长的需求有了实际的货币支付能力，从而带动了消费需求和消费结构的变化，而民族传统体育消费能很好地满足人们的健康需求，从而成为提升人们生活质量的重要内容。另外，为了减少医疗费用的支出，人们对健身防病的价值有了新的认识，“与其花钱买药，不如花钱买健康”的观念悄然兴起，这在一定程度为民族传统体育消费的形成与发展提供了广阔的空间。

二、民族传统体育产业发展的巨大潜力

（一）民族传统体育产业发展的起势良好

将民族传统体育作为产业进行开发始于20世纪80年代，且多与当地民族风格和节日风情结合在一起。如云南在确立建设民族文化大省和旅游大省的目标后，将极具产业化意义的民族传统体育项目与旅游、文化等产业结合起来综合开发，带来了可观的经济效益和社会效益，促进了云南旅游事业和体育事业的双赢，也有力地促进了云南省经济发展和社会文明进程。陕西、四川、青海等省近几年也在快速起步，大力发展地方体育产业经济，并使其与旅游经济相结合，互动发展，大有追赶超越云南之势。

（二）民族传统体育产业发展的有利条件

1. 丰富的市场资源

每个民族都有自己的传统体育项目，使民族传统体育项目在内容形式上丰富多彩。这为民族传统体育的产业化提供众多市场产品。如技术产业市场，包括竞赛表演市场、健身娱乐市场、技能培训市场、劳务市场等；用品产业市场，包括器械市场、纪念品市场、服饰市场、保健品市场等；人才市场，包括高水平运动员、经纪人市场等；文化产业市场，包括旅游市场、文化活动等；金融市场，包括彩票、基金、募捐等；影视生产市场，包括录像、电视剧、电影的制作出版发行等。

2. 庞大的消费群体

民族传统体育是中华民族优秀的文化遗产，集健身、防身、修身、康复、娱乐于一体的传统体育项目。其内容丰富、形式多样，一般不受时间、空间、地点以及物质条件的限制就可以练习，吸引了不同性别、年龄层次和职业的男女老少，深受老百姓喜爱。另外，随着我国全民健身活动的开展，人们更加注意寻求科学、休闲、娱乐的健身方法，民族传统体育将迎来庞大的市场需求。

随着经济的发展、人们收入水平的提高、可支配收入的增加、体育消费观念的改变，体育市场容量将十分可观。与发达国家比较，中国目前的体育市场容量固然微不足道，但市场潜力却不可低估。体育消费的市场化会随着人们体育消费观念的转变、收入水平的提高而日益成为一种普遍的现象。消费人口的多少决定了体育市场规模的大小。中国人口数量多，对体育产品具有消费欲望的潜在消费者在我国人口中占有相当大的比重。因为获得“健康”“活力”是人类永恒的追求，观赏参与体

育，实现心理与情感的满足则日益成为当代一部分人的生活方式。从这个意义上说，我国潜在的体育市场规模极大，民族传统体育在中国特别是在西部地区拥有广大的群众基础，这种基础为民族传统体育市场化准备了必要的市场条件，为民族传统体育产业的发展准备了潜在的主体条件。

3. 广阔的市场就业前景

体育产业作为第三产业，自身可容纳较多的劳动力。中华民族传统体育因其独特的魅力，经济开发价值非常大，有着广阔的市场前景。随着丰富的市场资源的开发和庞大的潜在的消费群体的挖掘，民族传统体育产业必将逐步壮大和完善；同时，通过兴建各种体育设施以及举办各类赛事。这些都需要投入大量的劳动力和各类专业人才，从很大程度上能缓解当前我国人口的就业压力。

第二节 民族传统体育文化产业的可持续发展

一、实现民族传统体育可持续发展的基本原则

（一）发展原则

解决传统体育可持续发展问题，不能以牺牲经济发展或社会经济效益为代价。对于发展中国家的传统体育而言，经济发展是解决现有传统体育问题的基础和前提。实现可持续发展，关键是发展，最终目的也是发展，如果没有一定的发展速度，没有良好的社会经济效益，可持续发展就是句空话。

（二）生态维持原则

这里说的生态维持是一个广义的生态维持概念，包括保护历史文化遗产，保持社会文化的平衡，实现民族传统体育的可持续发展。

（三）公平原则

公平原则是解决现有问题，实现民族传统体育可持续发展应遵循的根本原则。所谓公平原则是指不管是奥运会竞赛项目还是传统体育项目，都平等地享有发展的空间、传播的权利，同时享有同等待遇的权利。

（四）参与原则

所谓参与原则，是指在解决现有问题、实现传统体育可持续发展的过程中，凡涉及与传统体育关系密切的事项，都应当创造条件让广大的传统体育爱好者参与讨论、决策、实施、监督、评估，而且应当把发展传统体育参与制度化、法制化、规范化。

（五）效率原则

经验证明，没有效率，就没有发展。要想有效率，就必须大力提高人的思想水平和创新能力，用新的思维提高办事效率。思想革新、高效率办事能力是高质量解决现有问题的基础，实现传统体育可持续发展的重要前提。效率原则实质上就是一种发展原则。

二、实现民族传统体育可持续发展应处理的关系

（一）实现民族传统体育的可持续发展，必须处理好组织与自组织的关系

对于传统体育而言，所谓组织，是指传统体育在人为指令的作用下，解决现有问题，实现有序发展的过程。而自组织，是指传统体育在无明确的人为指令作用下，自发地解决现有问题，实现有序发展的过程。传统体育的组织与自组织是同时进行的。人的指令，特别是自觉不自觉地符合了传统体育变化发展规律的指令会，在相当程度上改变、影响和解决现有问题，实现少数民族传统体育有序发展的历史进程。但是从根本上讲，这一历史进程是一个超越人的意识活动的自组织过程，其结果不可能如人所设想的那样。因此，一方面应努力去认识把握传统体育的发展规律，将符合体育发展规律、符合人类自身需要的指令不断地作用于传统体育，力求使传统体育按照我们的意愿去发展；另一方面，人的意识活动的作用再大，也是有限的，不能为了使少数民族传统体育完全按照人的合理指令那样发展，而放弃积极地去控制、影响、改变传统体育变化发展进程的自觉的努力。

（二）实现民族传统体育的可持续发展，必须处理好集中与分散的关系

人、财、物的适度集中是解决现有问题、实现传统体育可持续发展的重要条件。但是过度集中，则会影响其他体育项目和传统体育项目的协调平衡发展。人、财、物适度的分散是必要的，这样会有利于现有问题的解决和体育的协调健康发展。但是，过度分散很可能会造成任何一个现有问题都得不到解决，传统体育难以获得实

质性的发展。因此，妥善处理好集中与分散的关系，将集中和分散都控制在一定的限度内，对于全面解决现有问题，实现传统体育可持续发展是非常必要的。

（三）实现民族传统体育的可持续发展，必须处理好整体与局部的关系

信息论、系统论、控制论等现代系统科学认为，整体具有局部不具有的质的规定性，因此，整体的最优化不同于更不等于局部的最优化；分形论、混沌论、全息论等现代系统科学认为，某些特定局部能以某种方式完整地表现整体，这些特定局部的最优化就是整体最优化不可或缺的条件。基于这些认识，要解决好现有问题，实现传统体育的可持续发展，应该依照如下思路来处理整体与局部的关系：有组织有计划地动用足够的人、财、物，力求使传统体育的局部规划、建设、管理也尽可能最优化；必须在重视整体发展目标的同时，充分关注局部发展目标，最大限度地使传统体育各组成部分的局部发展目标如期实现。

（四）实现民族传统体育的可持续发展，必须处理好长远与当前的关系

能否妥善地解决现有问题，实现传统体育的可持续发展，在很大程度上取定于我们能否妥善地处理好长远利益和当前利益、长远目标和当前目标的关系。事实上，现有问题的形成，现有传统体育出现的难以持续发展下去的现实状况，在很大程度上是因为我们过多地关注当前利益的获取和当前目标的达成，而忽视了长远利益和长远目标的实现。所谓可持续发展，应当重视长远目标，关注长远利益，使长远利益和当前利益协调一致、共同发展。

第三节　开发民族传统体育文化产业的意义

一、开发民族传统体育文化产业，有利于推动地区经济的发展

我国的民族传统体育由于其特有的历史背景、自然环境、文化品格、民族心理的原因，有着强大的生命力和社会价值，将它引入产业发展的轨道，对我国的经济建设与社会发展有着启发性的作用。对我国的民族传统体育产业发展潜力进行分析，探讨民族传统体育产业发展策略，使各级政府在制定社会经济发展规划时充分考虑民族传统体育经济增长因素，将其视为新的经济增长点，纳入其产业结构调整的整体计划，大力发展民族传统体育产业，加快地区的经济建设和社会发展步伐，推动

地区的经济发展和社会进步具有重要的历史意义和现实意义。它可以使民族传统体育得以普及和迅速发展，并进入合理的产业化运营渠道，与之相关的产业也应迎头赶上，为民族传统体育产业化奠定良性发展的基础。此类相关产业主要表现为：民族传统体育器材制造业、部分体育运动项目的场地规划与设计业和民族传统体育运动所需的服装生产业，这些产业的发展速度与民族传统体育产业化本身的发展速度应保持一致。推进民族传统体育的产业发展，对弘扬民族传统体育、繁荣当代健身娱乐文化，具有重要的价值。随着西部地区经济的发展，城乡及牧区的群众对体育与健康有了更新的认识。西部地区民族体育产业的发展，当前应选择有特色、健身效果较好的项目开展技术培训和咨询市场；选择观赏性和参与性较强的项目，作为民族文化的重要成分，并与旅游资源结合起来开发民族体育旅游市场；选择技巧性和竞技性强的项目开发竞技表演市场。

二、开发民族传统体育文化产业，有利于优化民族传统体育项目的结构

中国的少数民族主要聚居在西部，每个少数民族都有自己丰富多样的体育运动项目，如藏族的锅庄舞、赛马等体育活动。然而尽管传统体育项目很多，但许多项目显露出粗糙、简单、不规范等缺点，在低水平上徘徊，难以普及。因此，我们应从其实现产业化的路径出发，选择民族传统体育中一些优秀的、有特色的项目，加以整理，使其更加规范，能够符合现代体育的理念和精神，为最终实现产业化奠定基础，如拔河、踢毽子、跳绳、射箭、摔跤、举重、登山、武术、民族舞蹈。

三、开发民族传统体育文化产业，有利于提高民族传统体育的知名度

我们要将少数民族传统体育最终进行产业运作，必须努力通过各种途径提高其知名度。对此，可做以下尝试。

第一，加大电视和网络传媒等各种媒体手段对民族传统体育的宣传力度。电视和网络作为当今最方便最快捷的信息传播手段，对特色民族传统体育项目的宣传起着至关重要的作用。因此，对西部地区的少数民族传统体育项目而言，西部一些知名度较高的电视台应尝试让少数民族传统体育项目走出西部，走向世界。同时，西部各省（自治区）的有关部门应通过协商，建立一个全方位的介绍西部少数民族传统体育项目的网站，以起到充分宣传的效果。

第二，充分利用节庆活动，宣传民族传统体育。节庆活动是形象表现的载体，也是树立形象的最有效的方式之一，举办成功的体育节庆活动将大大提高民族传统体育的知名度和人们对民族传统体育的参与度。

第三，将民族传统体育和民族高校体育课堂相结合。作为民族高校，由于自身所具有的特点，应在民族高校设立少数民族传统体育选修课，以方便学生自由地选择各个民族的传统体育项目，从而使民族传统体育能够真正地得以继承、发展。同时，也会因此扩大民族传统体育项目的知晓范围。

第三章 广西民族传统体育文化调查

第一节 广西民族传统体育文化的生存环境

一、广西民族体育生存的文化环境

（一）以歌舞竞技为主导的稻作农耕体育文化

西瓯、骆越的祖先是中国也是世界上最早发明水稻人工种植技术的民族之一。新石器时代早期，西瓯、骆越的先民就已开始了稻作农业。漫长的稻作农耕文化对广西世居民族生活、生产、礼仪民俗、民族信心、民族的性格和心理等都产生了深刻的影响。广西世居民族的宗教性节日、纪念性节日、生产性节日、娱乐性节日等大都与稻作农耕生产有关，节日的仪式和内容都凸显了稻作农耕文化体系内涵。稻作农耕文化孕育了其精神文化各种形态，使广西各世居民族形成了特定的民族特征，表现出了区别于其他民族的自信。例如，壮族的风俗习惯、生活饮食、节日礼仪等被漫长的稻作文化所支配。另外，广西世居民族广泛使用的铜鼓也直接或间接与水稻有关。如壮族的蚂拐节、彝族的跳弓节、瑶族的祝著节等都是广西世居民族先民把稻作农耕的生殖崇拜文化通过铜鼓舞蹈表现的形式，祈求农耕的丰收与人畜的兴旺。

广西世居民族漫长的稻作农耕文化形成的传统体育活动有自己的特色，首先是生产生活类活动。这些活动体现了人们对劳动的认识，通过提高劳动素质、技能和技巧，来获得生活的富裕和快乐。“春堂舞”“扁担舞”“采茶舞”“戽水舞”“春牛舞”“蜂鼓舞”“燕球舞”“木槽舞”“伐木舞”“绣花舞”“踩风车”、射箭、打手毽、打泥脚、射弩等内容丰富，形式多样，历史悠久。其次是以游戏娱乐为目的活动，既能锻炼参与者的体质和身体的某些技能、技巧，又能拓展参与者的思维想象空间，如踢毽子、抛绣球、龙舟竞渡。最后是娱乐健身休闲竞技活动，以强身健体为目标，以技巧为主，不强调激烈程度和体力消耗量，渗透着浓郁的稻作文化的伦理底蕴。稻作农耕文化是广西世居民族主要的文化传统，而广西世居民族传统体育文化源于稻作农耕的活动。

（二）观念层面和制度层面上的稻作文化

原始社会时期，稻作生产方式非常简单和粗放，一般都是让水稻在自然环境中自然生长，是否有收成或收成的丰歉完全取决于自然条件。当时的广西世居先民不仅相信水稻本身具有神灵，还相信稻田有保护神、驱虫灭害的神、专管雨水的神等，创造了许多与水稻生产有关的神灵，构建了一个层次分明的稻作农耕神信仰文化体系。在稻作耕种中，每一个重要的生产环节都要举行祭祀活动，祭祀活动中的各种歌舞使人们获得了某种感情的宣泄和升华，获得了某种心理的平衡。稻作农耕作为行为文化的生活方式，自然会受到稻作生产这种物态文化的制约，同时会受到不同阶段社会经济、政治等制度文化以及价值观念、审美情操、宗教意识等心态文化的影响。从史前社会的自然崇拜、氏族部落图腾崇拜、奴隶社会神权到封建领主时期巫鬼崇拜，广西世居民族社会组织都以神灵、族权作为其领导核心，以寨、族群的形式出现，活动内容以祭神灵、祭祖先、驱鬼魂等为主。

在制度层面上，广西世居民族主流的有组织的体育活动与先民的信仰紧密相连，主要是土地神灵崇拜、祖先崇拜、自然现象信仰、巫鬼迷信等，具有浓厚的地方色彩。长期的稻作劳动中产生了丰富的体育活动，农民为了消除疲劳、取乐、活跃气氛，好事者常会怂恿年轻人比拼技艺和体力，以增加劳作时的兴趣。在稻作生产的不同阶段，人们跳起简单的舞步，庆祝播种、收获，开展时节庆典、祭祀活动等。这些活动的起源与游戏娱乐、竞技角力等体育项目的产生一样，与稻作农耕生产劳动技能的培养、军事作战本领的训练等的联系非常紧密，对宗教活动、文娱活动等又表现出强烈的依附关系。这些稻作礼俗行为沿着“种时庆祝”“收时庆祝”的轴心发展、繁荣，从而逐渐形成了一整套完整的行为规范。

二、广西世居民族传统体育文化生存的社会环境

（一）稻作农耕文化认同

稻作农耕文化植根于广西特定的地理环境。在原始社会，由于水稻不易种植，各种自然环境和虫害都能影响其生长和收成，人们经常求助神灵巫鬼的庇佑。在求神灵

祈巫鬼活动中，以铜鼓伴舞的祭祀仪式舞蹈最为广泛经久，是广西漫长历史时期主要的文化传统。各种铜鼓舞蹈艺术大都源于稻作农耕文化，漫长的稻作农耕文化对广西世居先民的生产方式、生活习惯、社交、民族性格和心理都产生了深刻影响，包括宗教祭祀性节日、生产性节日、纪念性节日、娱乐性节日大都与水稻生产有关，其过节仪式都纳入了稻作文化体系。数千年来，铜鼓文化以稻作文化为基础，成为广西各民族文化互动的载体，满足了广西各族人民的精神需要，已成为这些民族凝聚力和认同感的标志。在广西世居少数民族互动的历史发展中，虽然族群之间也有摩擦、碰撞、冲突等，但这没有成为广西世居民族关系的主流，而由于稻作耕种需要的人畜、生产工具的不足形成的不同村寨、族群之间相互交往、相互适应、相互融合等良性互动，长久以来成了广西世居少数民族关系的主流。这是广西世居少数民族稻耕文化磨合认同的过程，说明稻作农耕文化认同是广西世居少数民族传统体育文化形成与发展的社会学基础。

（二）自我概念决定了广西世居少数民族传统体育价值实现的程度

在原始社会，生存是头等大事，这通常都是通过集体的力量来实现的。在这些世居先民的生活中，性爱是仅次于觅食的一件大事，觅食是为了生存，性爱则是为了繁衍。为了得到异性的青睐，这就需要个体不仅具备强壮的体魄和劳动能力，还要在生产劳动、社交集会、游戏娱乐以及祭祀仪式中展现良好的智慧与知、情、意的高度统一。另外，在推举狩猎的头领、族群的勇以及部落首领时，更看重个体的智慧、能力、气质、性格、爱好、信念与习惯等，这些都需要个体具有正确的自我概念。

体育的价值按其作用可分为生理价值（健身、娱乐、医疗）、心理价值（教育、艺术、审美、道德）、社会价值（经济、政治、军事、科学、社交）等。这些体育价值的深度与广度既取决于客体本身的构建，也取决于主体社会活动的水平。由此可见，自我概念在很大程度上决定了体育价值实现的程度。

（三）生命事件和生命转折点加强了对体育价值的认同

在原始社会，不管是生产力的提高，还是人类要生存和发展，人的数量与质量却是决定性的因素。在狩猎中，追逐牲畜、与牲畜搏斗和角力避免不了有损伤甚至殒命事件的发生。为了避免类似的事件发生，人们认识到除了依靠集体的力量外，还必须有比牲畜更强的奔跑能力与力量。同时，由于自然条件的恶劣，人们经常受到毒虫猛兽、瘟疫疾病的威胁，通常是那些体质健壮、免疫力强的个体能存活下来。这些人通常也喜欢参与族群里开展的角力竞技、祭祀仪式、娱乐游戏、技能技巧训练等活动，自然他们更容易受到异性的青睐。这些事件使个体和族群对体育的认同具有特殊意义和重大影响，因为在上述造成生理和心理发生重大变化的事件中，个体身心承载着社会赋予人类生命事件和生命转折点相应的生命意义和符号，而在此过程中，个体对体育价值的认同超过以往任何时期，因此成为个体的生命事件和生命转折点。

第二节　广西民族传统体育文化的分布与类型

广西少数民族结合自身的生存环境和生存条件，在生产与生活过程中创造和积累了大量的民族体育文化活动，这些活动丰富多彩，为群众所喜闻乐见。据统计，广西 11 个世居少数民族共有传统体育项目 478 项。其中，壮族最多，达 194 项；其次是瑶族，有 87 项；回族最少，仅有 4 项（表 3–1）。

表 3–1　广西少数民族传统体育文化项目一览表

民　族	传统体育文化项目名称	数量 / 项
瑶族	鸡毛球、独木桥、对顶木杠、赛龙舟、舞狮、舞龙、顶杠、爬杆、摔跤、踢犁公、登山、上刀山、独木舟、瑶拳、刀、剑、气功、跳台桌角、跳坑沟、掷石头、抢花炮、射弩、押加、游泳节、射箭、打陀螺、火枪射击、掰手腕、武术、跳高台、跳田沟、丢沙包、顶竹竿、赛手力、长鼓舞、打长鼓、扎巴舞、斗牛赛、木棒球、双刀舞、撩球、铜鼓舞、漏斗球、独木滑水、打铜鼓、打腰鼓、跳猴舞、打箕圈、催工舞、跳围塘、拉排带、播公、盘瑶拳、跳三元、大象拔河、编架弩射、雷公舞、打旗功、打泥脚、旗舞、团鱼操、打猴鼓、打红竹竿、跳木、跳竹杠、跳铜铃、舞春牛、盘王五旗、左穴耗、做洪门、推竹杠、摔腰、过火链、跳木连、拔花竹竿、倒花竹、投火把、长发舞、舂米舞、羊角舞、金钱鞭、跳香火、跳云台、盘王舞、南太极、剑皇舞、双鞭舞	87

续　表

民　族	传统体育文化项目名称	数量 / 项
苗族	赛龙舟、射箭、射弩、摔跤、爬坡杆、爬坡杆赛、打泥脚、打鼓、打鸡毛球、打手毽、敬酒舞、抛绣球、踩脚求爱舞、竹竿舞、摆手舞、登山、芒篙舞、跳香舞、跳香、拉鼓、拉鼓舞、荡秋千、舞龙、斗牛、斗鸟、斗马、跳皮筋、打水漂、跳房子、捉迷藏、滚铁环、抽陀螺、跳水比赛、扛肥料上山、抬猪去市场、插秧比赛、钓鱼、下棋、赛马、速度赛马、花样赛马、苗拳、斗雀、跳钢鼓、抱石头、舞狮、投河、鼓舞、板凳舞、跳板凳舞、跳木鼓、铜鼓舞、爬山、踩高跷、金一棍、打花棍、独竹漂、跳鼓、跳脚会、赛纸马、踢枕头、桌术、打草球、芦笙踩堂、跳芦笙、芦笙舞、踢杆舞、芒哥舞、跳山舞、黄泥鼓、跳八仙、武术、拳术 6 项、刀术 3 项、棍术 2 项	83
侗族	投火把、舞龙头（匏颈龙）、学斗牛、耍春牛、三三棋（侗棋、棋三、盘三、三棋）、抢花炮、骑木马、哆毽、侗拳、草球、踩石轮、踩芦笙、拍摆子、斗鸟、抽陀螺、斗苦蕨、芦笙踩堂舞、多耶舞、蛇舞、敢山狩猎、弹毽、炮拳、跳神、斗牛、送春牛、芦笙月耶、武术、拳术 5 项、棍术 3 项	35
仫佬族	抢糍粑、仫佬竹球、斗鸡、斗鸟、抢花炮、舞麒麟、拔河、爬山、象步虎掌、草龙舞、舞布龙、竹连球、凤凰护蛋、打陀螺、滚竹环、舞狮、母子棋、裤裆棋、群龙抢珠、沙中淘金、烽火球、砍猪脚、打灰包、母鸡护蛋、踢毽子、武术、拳术 2 项	28
毛南族	围母棋、同填、同拼（都拼）、同顶、同背、石担和石锁、射棋（棋乒）、三棋、抛沙袋、牛角棋（棋煞娄）、禾剪棋、簸箕棋（棋岸）、箍腰摔跤	13
彝族	耍狮子、跳牛、打磨秋、跳弓舞、狩猎舞、跨断桥、摔跤、二胡舞、雀舞、铜鼓舞、双杆舞、芦笙舞	12
京族	踩高跷（搏脚）、游水捉鸭、打狗、顶竹竿、舞花棍、跳竹竿、拉吊、斗牛	8
水族	狮子登高、赛马、翻桌子、飞马夺标、斗角舞、狮子舞、龙舞、顶花竹竿	8
仡佬族	打篾鸡蛋球（打竹球）、打花笼、打秋千、跳牛筋、赛马	5
回族	摔跤、敲鸡棒、武术、查拳	4

根据相关文献资料整理统计，广西少数民族传统体育文化资源的分布情况如表 3-2 所示。

表 3-2 广西少数民族传统体育文化项目分布情况一览表

地 区	数量 / 项
河池市	71
桂林市	66
百色市	59
南宁市	47
柳州市	46

注：由于同一项传统体育可能在不同的地区流传，因此按地区统计的总数量会高于按民族统计的总数量。

由表 3-2 可知，在广西的地级市中，以河池市拥有的少数民族传统体育文化项目最多，达 71 项，约占广西传统体育项目总数 478 项的 14.85%；其次是桂林市，有 66 项，约占 13.8%；再次是百色，有 59 项，约占 12.34%。另外，南宁市有 47 项，柳州市有 46 项。从资源空间分布上来看，广西少数民族传统体育文化资源主要分布在广西的西北部和中部山区。其整体特征以西北部的桂林、河池、百色为主轴，呈线状集中分布；以中部的桂林、柳州、南宁为主轴，呈线状集中分布，其交叉点在桂林。总体而言，主要以桂林、南宁、柳州、百色、河池五个城市为节点，以湘桂线、云桂线、桂黔线为廊道，以 322、323、324、210 国道为辅助廊道，形成了一个环状分布格局。

第三节 广西民族传统体育文化的起源与特征

一、广西民族传统体育文化的起源

（一）生产与生活劳动需要

在原始社会时，由于生产力比较低，人们的生活水平有限，为了维持生存，人们进行了走、跑、跳、投掷等身体运动来获取生存资料。我国各少数民族大多生活在山地、草原等地方，他们在狩猎和放牧过程中离不开奔跑、追逐和射击等，甚至要与野兽进行搏斗，这就产生了许多传统体育项目，如赛跑、射箭、射击、投掷。

人们在面对自然环境挑战的同时，还要抵抗外来民族的侵略，这就要求人们必须有强健的体魄和掌握一些体育技能。作为一种直接的动力，军事战斗的需要进一步促进了赛马、角力、射弩、摔跤等传统体育项目的发展，并产生了一些趣味而有效的训练方法。例如，在如壮族传统体育活动中，妙趣横生的“板鞋竞技”原是壮族女总兵瓦氏夫人训练士兵的方法。瓦氏夫人为了培养士兵团结一致、齐心协力共抗外敌的集体信念，命令下人根据壮族人木屐的样子做成长板鞋，让士兵三人或六人一个组合，穿一双长板鞋来练习赛跑。要想穿上这样的“鞋”跑得快，士兵们就必须配合默契，团结一致，一旦有人分心就会影响整个团体，正是士兵们团结一心才成功击退了敌人，保卫了自己的家园。

（二）劳动之余的休闲娱乐

与现代生活丰富多彩的人们相比，古时的人们忙完农耕后并没有太多的休闲娱乐方式。由于精神生活的极度匮乏，他们将劳动中的一些活动进行创新和改造，形成了具有竞技性质和健身性质的体育活动。人们参加这些体育活动不仅达到了强身健体、抵抗外敌的目的，还达到了休闲娱乐的目的。例如，广西龙胜瑶族和苗族中流行的“打泥脚”就是人们在田间劳动劳累之余，用黄泥团相互击打对方腿脚并跳跃躲避对方打来的泥团，以求一时的放松，由此形成的一种体育活动。少数民族居住的地理环境和自给自足的自然经济使他们与外界往来较少，生活枯燥单调，许多体育活动是他们充实、娱乐自己的主要方式。例如，壮族的打陀螺、芭芒燕、打铜钱、倒立竞走、跳桌、跳橡皮筋、咬水桶，瑶族的掷石头、跳铜铃、打猴鼓，侗族的弹毽、蛇舞，苗族的打鸡毛球、跳脚会等。通过这些活动，少数民族人民愉悦了身心，结交了朋友，丰富了劳动之余的闲暇生活。

（三）宗教祭祀活动

在远古时代，人类生产力水平低下、科学知识贫乏，人们不能理解和驾驭自然力量及社会力量，于是在惶惑、恐惧、幻想之中使用“万物有灵论”的原始思维，认为自然界许多有生命和无生命的事物都存在跟人一样的活动、思想、欲望。人们会定期举行一些宗教和祭祀活动来祭奠神灵，把神灵当作自己的一种精神寄托，通过舞蹈等动作形式抒发自己的感情，把曾经立过功、做出过贡献的先人当作自己的保护神来进行崇拜，久而久之，这些活动就成了传统体育项目。例如，龙舟文化一方面是来自图腾崇拜，另一方面是为了纪念楚大夫屈原。汉代以来，赛龙舟是为纪念屈原的传说流传最广，因为屈原之死与汨罗人祭龙日（端午）正好巧合。从此，每到端午祭龙，人们一边划龙舟，一边唱着哀歌，纪念他们敬仰的屈原。从文献记载来看，最初为纪念屈原的竞龙舟只在汨罗人中流行，南北朝时发展到南郡、襄阳郡一些地区。后经唐代文人大量的文学渲染，纪念屈原的竞龙舟更是广泛流传。到宋代，龙舟竞渡由民间传入宫中，皇帝也亲自到场观赛，场面十分宏大。北宋末年，国势大衰，皇帝想利用龙舟竞渡一方面宣扬忠君爱国思想，振奋国人的精神，另一方面祈求龙神保佑，国泰民安。

（四）表达爱情的需要

由于居住比较分散以及自然环境较恶劣，少数民族很难和外界接触和联系。为了繁衍后代，许多少数民族都有属于自己的独特的男女交往和求爱的节日和活动。在这样的节日里，许多年轻男女聚集在一起，通过一些体育活动，男子充分展示强健的体魄、精湛的体育技能来博得女子的芳心。而青年女子也通过这样的体育活动来挑选自己心仪的男子，获得属于自己的美好爱情。例如，维吾尔族、哈萨克族的“姑娘追”、壮族的“抛绣球”、苗族的“跳月”“芦笙踩堂”、瑶族的“踏歌”等活动。又如，广西苗族、瑶族、侗族的“射弩”。弩在古代不仅是防身武器和战争的传信工具，还常作为青年男女谈情说爱的信物。瑶族所在的地方山峰众多，树林密集，仅一山之隔，走到另一边却需要半天。如果男子对山另一边的女子有爱慕之心，便会用弩射一箭来试探女子是否对自己有意，如果女子对男子有意，便会留下男子的箭，另射一支箭作为回答，就这样男女互留箭来作为定情信物。

（五）经济活动的需要

在自给自足的经济时代，居住在山区各个村落的少数民族由于忙于农事以及交通不便，只有在重要的节日活动中才能相聚。而一些节日活动集经济、文化、娱乐等多种功能于一身，也有利于商人们进行交易。甚至有一些节庆活动是为了商业活动的需要而创造出来的。例如，号称“东方橄榄球”的“抢花炮”是流行于湘、黔、桂的独具特色的侗族传统文体活动。在这样的节日活动中，村民们相互进行买卖和交易，用获得的收入买一些生活必需品，因此花炮节也可以称得上是一个活跃经济的盛会。抢花炮活动得到侗族民众的喜爱，也符合他们的需要，于是年复一年地举办，经久不衰。

二、广西民族传统体育文化的特征

（一）集中性与广泛性并存

从民族传统体育的种类和数量分布来看，广西少数民族传统体育文化资源主要集中在壮族、瑶族、苗族、侗族和仫佬族等民族。其中以壮族最多，其次是瑶族、苗族、侗族和仫佬族；其他的少数民族传统体育项目相对较少，均不多于15项。从地域空间的分布来看，广西少数民族传统体育文化资源的分布具有广泛性，虽然一些体育文化项目主要集中在南宁、桂林、柳州、百色、河池等市，但其他地域均有零星分布。

（二）独特性与相似性并存

由于信仰、宗教、语言、心理等方面存在差异，广西各民族形成了丰富多彩的传统体育文化。这些差异性的存在其实也是少数民族独特文化的一种折射。在广西几乎每一个少数民族都有自己的传统体育文化项目，这些项目均呈现出独特的民族风格和典型的民族色彩。例如，侗族的踩芦笙、仫佬族的砍猪脚、瑶族的盘王舞等就具有典型的文化异质性。但是，由于政治、经济和历史等方面的原因，各少数民族传统体育文化项目又具有相似性的特征。军事战争、自然灾害等因素使少数民族在迁移的过程中出现了民族文化的相互渗透和相互融合，从而形成了少数民族文化的相似性和同质性，表现在传统体育文化项目上即一个或者同一类项目在多个民族中重复出现。例如，赛龙舟、抢花炮、舞草龙、摔跤、跳鼓、秋千、射弩、武术等项目就在壮族、瑶族、苗族、侗族中同时存在。

（三）继承性与变异性并存

文化的传递和继承是文化流传和发展的重要保障，民族传统体育文化的继承主要表现在对民族传统体育文化民族性的继承上。人类的社会行为存在着一定的遗传性，也即后代与前人保持着社会意识和社会行为的一致性。在生产力落后的情况下，从生产劳动和社会生活中接受长辈的教育是少数民族传承民族文化的重要途径。年轻一辈从老一辈那里学习传统习俗、生活技能和劳作经验，通过耳濡目染、言传身教等，便形成了对少数民族传统体育文化的认知和继承。这种习惯经过一代一代的传承，就积淀成了文化。然而，由于时代的进步和社会的变迁，文化所依托的社会环境和生态环境发生了重大变化，少数民族传统体育文化不可避免地发生了变异。比如，京族的哈节以前主要是一些京族歌圩、围海捉鸭等传统文体活动，现在增加了沙滩自行车比赛、美食节及京族文化研讨、摄影作品展等活动，哈节中的民族传统体育也早就超越了“娱神”，变为了“娱人”。

（四）竞技性与娱乐性并存

大多数少数民族传统体育活动本身就具有较强的竞技特性，具有与现代体育项目相似的对抗特征。如壮族的舞狮、秋千、木球、珍珠球、稳凳、毽球、抢花炮等，均具有较强的竞技性。娱乐性是少数民族传统体育文化保持旺盛生命力的一个重要动力，有些少数民族传统运动项目把娱乐寓于体育运动中，具有浓郁的娱乐性色彩。如瑶族的芦笙长鼓舞把舞蹈与音乐融为一体，边唱边舞，民族特色突出，娱乐氛围浓厚。从我国少数民族传统体育的整体来看，娱乐性、竞技性大都是兼而有之的。在竞技中体会娱乐的情趣，在娱乐中增加比赛与竞技的成分，这是少数民族传统体育文化的一个典型特征。

（五）稳定性与季节性并存

广西各少数民族在长期的生活和生产劳动过程中，通过继承、发展、提高和升华，逐渐形成了内容、形式、时间、地点相对稳定的传统体育文化项目，如舞狮、芦笙、斗马、斗鸟、抢花炮等活动、这些活动在特定时间年年举办，岁岁如此，具有长期的稳定性。但是，由于少数民族多居住在山区，以农耕生产为主，在农耕文化的背景下，春节舞狮、端午节划龙舟、重阳节登高等民族传统体育文化活动成了他们庆祝春种、夏锄、秋收、冬藏的规律性活动。这种生产、生活的周期性与规律性导致了各少数民族传统体育文化活动具有明显的季节性和周期性。

第四节　广西民族传统体育文化的功能与价值评价

一、广西民族传统体育文化的功能

广西少数民族丰富多彩的传统体育活动经常在节日庆典、宗教祭祀、喜庆婚嫁以及旅游景区中进行。从 1982 年开始，广西壮族自治区人民政府还多次举办少数民族传统体育运动会，这是广西各民族展示自己民族传统体育文化的盛会。这些民族传统体育活动不但拥有体育文化的健身、娱乐的本质功能，而且衍生出多种多样的社会功能，在推动区域社会的发展中扮演着重要的角色。

（一）增强民族凝聚力

广西的少数民族以大杂居、小聚居的形式广泛分布于全区。各民族间的交流、融合与团结是关系国家长治久安的大事，而广西壮族自治区成立以来能够成为“民族团结的模范、维护统一的模范、维护稳定的模范”除得益于党与政府的英明领导外，当地的民族传统文化同样功不可没。广西少数民族的传统体育活动多带有浓厚的民族性、激烈的竞技性和高度的团队性。在活动举办的日子里，村民难得放下手中繁重的劳动，各村亲戚要么相互走动，欢聚一堂，把酒言欢，交流感情；要么以村寨为单位在竞技场上奋力拼搏，即使没有上场的人也会在旁边呐喊助威，整个场面让人热血沸腾。由此可见，广西少数民族传统体育文化蕴含着巨大的民族凝聚力，是维系民族感情的纽带，是促进民族间交流、融合与团结的催化剂。正如民族社会学家费孝通所指出的那样：“产生和增强一个民族的社会凝聚力是民族文化的一个主要功能。”

以三江侗族的“花炮节”为例。三江侗族自治县位于广西北部，毗邻黔、湘，很多民族传统体育文化都为人们所称道，其中最负盛名的是被誉为“东方橄榄球”的“抢花炮”。三江侗族“三月三”的“花炮节”尤其以富禄乡最具特色，热闹非凡，闻名海内外。每年的“花炮节”一般为期 3 天，活动丰富多彩，有斗鸡、斗牛、唱侗族大歌、踩歌堂、侗戏表演、赛芦笙，最热闹、场面最为壮观、最吸引人的是“抢花炮”。周边地区侗族、苗族、瑶族、仫佬族、壮族、汉族等各族同胞都踊跃报名，竞相参加。这些活动不仅使人们身心愉悦，有着良好的健身效果，还促进了各民族的相互认同。在这一过程中，十里八乡不同民族、不同年龄段的人们会聚到一起，不仅促进了各民族文化与信息的交流，也有不少年轻人在这一盛会中找到了自己的意中人，在很大的程度上促进了民族之间的融合与团结。

（二）推动地方经济发展

随着中国经济体制转轨与社会结构转型的持续推进，市场组织与社会民间组织对社会事务的参与能力逐渐增强，影响力日益提升。从中央到地方、各级政府以及人民群众都充分利用本土特色文化资源大力发展经济。广西人文、地理资源丰富，随着西部大开发、大众旅游的兴起以及东盟经济自由贸易区的建立，广西少数民族地区的经济发展出现了前所未有的机遇。正如费孝通先生所指出：“西部有丰富的人文历史文化资源，对这些资源进行合理的开发利用，不但可以促进文化的传承和发展，而且会产生经济发展的联动效应。”

近年来，广西民族传统体育文化越来越多地融合在各地的旅游产业中，让中外游客在领略当地美丽自然风光的同时，享受了当地的民族传统体育文化“套餐”。这不仅更好地把本民族本区域的民族传统体育文化发扬光大，还极大地促进了本地区第三产业的发展。当前，广西各市县的许多旅游景区都在不同程度上开展民族传统体育活动，这些活动为这些景区额外增添了丰厚的收入。这些地方所开设的项目与收入情况大致如表 3-3 所示。

表 3-3　广西部分旅游景区民族传统体育项目开展与收入情况

景区	主要民俗体育项目	开设的形式	每场的收入情况 / 元
漓江民俗风情园	板鞋舞、抛绣球、板鞋走、多耶、芦笙踩堂、跳竹杠	以民俗风情表演为主，游客可自由参与	6 000 ～ 80 000
荔浦丰鱼岩	跳脚会、芦笙踩堂、跳竹杠、多耶	以民俗风情表演为主，游客可自由参与	900 ～ 6 000
龙胜百面瑶寨	抛绣球、芦笙踩堂、跳竹杠、顶竹杠、多耶	以民俗风情表演为主，游客可自由参与	300 ～ 8 000
龙胜金竹壮寨	抛绣球、芦笙踩堂、打扁担、跳竹杠、顶竹杠、多耶	以民俗风情表演为主，游客可自由参与	600 ～ 10 000
龙胜平安壮寨	跳竹杠、打扁担、芦笙踩堂、抛绣球、多耶、顶竹杠、师公舞	以民俗风情表演为主，游客可自由参与	600 ～ 10 000
金秀花王山庄	芦笙踩堂、上刀山、过火链、穿火圈、跳盘王、多耶	以民俗风情表演为主，游客可自由参与	500 ～ 9 000
三江程阳桥侗寨	芦笙踩堂、多耶、打扁担、打铜鼓	以民俗风情表演为主，游客可自由参与	300 ～ 5 000
资源八角寨景区	顶竹杠、打长鼓、跳竹杠、跳脚会、师公舞	以民俗风情表演为主，游客可自由参与	300 ～ 8 000

续 表

景区	主要民俗体育项目	开设的形式	每场的收入情况 / 元
恭城郎山瑶寨	过火链、上刀山、跳竹杠、跳盘王、打水鼓	以民俗风情表演为主，游客可自由参与	200 ～ 1 000
融水长赖苗寨	拉鼓、斗马、赛马、赛芦笙	以民俗风情表演为主，游客可自由参与	200 ～ 2 000
巴马百魔洞	打长鼓、打铜鼓、跳竹杠、爬坡杆、大象拔河等	以民俗风情表演为主，游客可自由参与	500 ～ 6 000

以广西宾阳的“炮龙节”为例，近年来，广西宾阳的“炮龙节”越办越红火，每年吸引的区内外游客也越来越多。据初步统计，2011 年宾阳炮龙节期间，国内外游客达 55 万人次，车辆 5.6 万辆，旅游收入 1.1 亿元。另外，该县充分利用炮龙节的吸引力，设 20 多个展位展销宾阳的特色产品，展品为宾阳本地企业、乡镇的各种名、特、优产品和炮龙产品，如甘棠粉利、大桥薯粉、中华橄榄干、陈平甜笋丝、古辣香米、茧丝产品以及文化旅游商品、手工艺品等，共九大系列 120 多个品种。这些宾阳的特色产品深受游客好评。据不完全统计，参观商品展销的群众有 10 万多人。除了大量拥来的游客，宾阳“炮龙节”也吸引了区内外主流媒体的关注。据不完全统计，2011 年，新华社广西分社、人民日报社广西分社、中央电视台、上海东方卫视等 60 多家区内外主流媒体 200 多名记者对炮龙晚会、炮龙节开光仪式和舞炮龙活动进行报道，这些报道不管是对当地传统文化的宣传作用还是附带的经济效益，都是无法估量的。这些活动不仅让游客觉得不虚此行，也给当地的文化旅游产业带来了巨大的经济效益。2012 年正逢龙年，是炮龙的“本命年”，宾阳的“百龙舞宾州”炮龙节更是热闹，不仅吸引了众多区内外游客，还让该县通过办节提高了收入。据初步统计，2012 年炮龙节期间，游客达 56 万人，旅游消费收入 1.3 亿元，签约项目计划总投资 4.12 亿元。宾阳的“炮龙节”虽然只有一天的时间，但舞炮龙这一民族传统体育活动的开展却给该县带来了如此可观的收入。目前，广西有些县一年的财政收入还不足 4 亿元。由此可见，民族传统体育文化与旅游业相结合所产生的经济收入是惊人的，极大地带动了地方经济的发展。

（三）促进区域政治进步

文化是国家和民族的灵魂，集中体现了国家和民族的品格。党的十六届四中全会把不断提高建设社会主义先进文化的能力作为加强党的执政能力建设的一项重要任务。党的十七大报告更是从中华民族复兴的战略高度，肯定了文化软实力在综合国力竞争中的重要性。

一位哲人曾这样比喻：“政治是骨骼，经济是血肉，文化是灵魂。”这一比喻形象地说明了文化对人类社会发展所起的重要作用：身躯如果少了文化这一灵魂，就只是行尸走肉。民族传统体育文化作为一种独特的民族文化，对政治的发展同样具有重要的作用。广西少数民族传统体育文化是各少数民族共同创造的，受到各民族的历史、政治、经济、文化、宗教、风俗习惯等的影响，带有鲜明的民族特色。因此，地方政府要牢牢把握各区域的文化特征，继承与发扬优秀的民族传统文化，融合外来文化，更好地促进地方经济发展，更好地维护少数民族地区的长治久安，不断地提高人们的生活水平。

（四）传承优秀的民族文化与促进民族间文化的交流

在经济与文化全球化快速发展的今天，各地域民族文化不仅面临许多新的机遇，也面临许多挑战：一方面，民族文化在全球化的背景下可以吸收外来文化的精华，不断完善自己，并发扬光大；另一方面，各民族文化同样会面临被外来的文化同化的危险，美国的消费文化、政治文化、影视文化等在全世界范围内的流行就是典型的例子。在全球化的背景下，广西少数民族传统体育文化与旅游业相结合开展的活动越来越多，不仅带来了文化与经济的双赢，还在很大程度上促进了民族文化的传承。广西有着与各族人民的政治、经济、环境等相关的美丽传说，包含着少数民族人民的精神寄托、道德信仰等，而这些很多都是没有历史记载的，往往通过传统的民族体育活动表现出来，代代相传。因此，民族传统体育活动成了文化传承的载体，要研究一个少数民族的文化，了解这个民族的传统体育文化已经成了必要的途径。另外，广西壮族自治区政府还举办了多届少数民族传统体育运动会，这也为广大少数民族人民提供了一个很好的展示自己民族文化的舞台，各民族参赛代表在比赛中你争我夺，不仅增加了本民族的文化自豪感，还促进了各民族间的相互交流与团结，也促进了各民族传统体育文化的规范化发展。以三江侗族自治县的抢花炮为例，以前这一传统体育活动在三江许多乡都举行，各个地方的规则与比赛的人数各不相同，在比赛中常出现踩踏事件和因拼抢而打架伤人的情况，少数民族传统体育运动会的开展规范了这些比赛的规则，目前逐渐被各地所接受，比赛也越来越有观赏性。

总之，广西少数民族传统体育以其特殊的社会功能，内化于社会发展的运行之中，是调节人们心理失衡的有效良药，对促进区域社会经济发展，保持少数民族地区社会稳定具有重要的意义，应该引起各级政府的重视与保护。

二、广西民族传统体育文化的价值评价

（一）文化视角——民族文化保护的特色样本

文化的多样化和特色化来源于民族文化的丰富多彩，少数民族传统体育文化是中国民族文化的重要组成部分，集中体现了少数民族的历史文化内涵、特色民族风情和生产生活习惯。当前，随着城镇化进程的推进和信息化社会的发展，少数民族原始封闭的生活状态被打破，其传统文化受到现代文化的强烈冲击，一些少数民族传统体育文化传承出现了断层，文化的多样性正面临前所未有的挑战。因此，保护好这些我国民族文化的特色样本显得尤为重要，开发和利用少数民族传统体育文化资源，从某种程度上来说，可以促进民族文化特色样本的保护。

（二）经济视角——民族经济增长的有效路径

少数民族传统体育文化资源的开发可以直接促进文化资源向文化产品转化，进而带动相关产业发展。通过举办少数民族传统体育活动，聚集人气，扩大名气，可以促进经济发展，推进当地的扶贫工作，达到经济效益和社会效益双丰收的效果。例如，靖西以绣球为载体，通过绣球旅游商品的开发、抛绣球旅游活动的开展、绣球旅游文化的交流，形成了带动区域经济发展的绣球产业。因此，可以认为，开发利用好少数民族传统体育文化资源将是广西民族地区经济增长的一条有效路径，可以有效促进广西民族地区经济发展。

（三）旅游视角——开展民族旅游的重要形式

旅游是一种文化活动，开发少数民族传统体育文化资源不仅能满足游客的文化、娱乐、运动需求，还可以丰富地方文化的形式，带动相关产业发展，吸引居民参与各项旅游活动。例如，广西的板鞋舞、花炮节、芦笙舞、盘王舞的产生以及文化寓意对游客来讲都充满神秘色彩，再加上民族体育活动具有娱乐性、竞技性，充满动作和力量的美感，完全可以满足游客对少数民族传统文化求新、求知、求动、求奇、

求乐的心理。因此，少数民族传统体育文化资源对少数民族地区的旅游开发、对接社会资本具有至关重要的作用。

（四）社会视角——民族融合、互动的纽带

少数民族传统体育文化活动有助于促进民族间的交流、民族关系的改善、社会的和谐与稳定。广西少数民族传统体育文化蕴含着强大的民族凝聚力和向心力，既是民族融合、互动的纽带，又是民族感情相互交流的桥梁。一般来说，广西少数民族多居住在偏远的山区，村寨较为分散，交通不便，信息不畅，相聚不易。因此，他们利用传统节庆日进行各种体育活动，以沟通感情、交流信息、增进了解。

第四章　广西民族传统体育文化的生存现状与发展趋势

第一节　广西民族传统体育文化的生存现状

一、生存环境恶化

少数民族传统体育文化的生存环境包括自然生存环境和人文生存环境。首先，自然生存环境是少数民族传统体育文化赖以生存的自然物质环境。当前，广西少数民族传统体育文化的自然生存环境呈现逐渐恶化趋势。由于矿产资源的开发和森林的大量砍伐，民族地区的植被和水源均受到了很大影响，一些河流出现断流和污染，原本茂密的森林植被不复存在，民族体育文化赖以生存的自然环境受到前所未有的挑战。其次，人文生存环境恶化。由于现代文化的冲击和现代体育的发展，部分已经开展的少数民族传统体育文化活动只是一些形式上的展示，丧失了原有的文化内涵，与现代体育相比缺乏足够的宣传、包装和策划，活动项目缺乏对抗性，因而使人们对少数民族传统体育逐步失去了兴趣。最后，社会环境不容乐观。由于生活的压力，民族地区的大批青年人外出务工或者自由经商，他们对少数民族传统体育文化的热情、兴趣日趋减少，少数民族传统体育文化的传承逐渐陷入后继无人的尴尬境地。

二、基础设施薄弱

广西少数民族传统体育文化多分布在经济、文化发展较为落后的山区，这些地区往往基础设施不完善，对外交通不便，可进入性差，可谓“山上云里钻，山下在河边，对山喊得应，走路要半天”。例如，三江的富禄基础设施极不完善，对外交通极不便利，在“三月三”花炮节期间，游客大量聚集，致使唯一通向外部的道路堵塞，外面的游客进不来，里面的村民出不去，游客只能徒步进入活动场所。当初村镇没有进行相关停车场地的规划，很多外来车辆只能停在路上、稻田，或者停在荒地上。大量的游客涌入使乡村饭店爆满，而当地的乡村饭店根本无法满足游客的餐饮需求。此外，住宿设施的简陋与缺失导致游客只能乘车一个多小时返回三江县城住宿。

三、发展经费不足

当前，广西少数民族传统体育文化活动的经费短缺，其经费来源主要为村民自发筹集捐赠，部分来自企业赞助和少量的政府拨款。例如，富禄 2012 年的“三月三”花炮节，三江县政府拨款 3 万元，其他资金均来自当地村民和三江县不同行政部门的捐款。又如，2012 年南宁孙坡头的“二月二”花炮节的经费主要来源于参与抢花炮的村镇向村民收取的费用（参与的户主，每户收取 300 ～ 500 元）。除此之外，还有政府的少量拨款及当地企业的捐赠（5 000 元）。从经费数量来看，这些经费只能进行基本活动的组织和奖品的购买，而无力进行市场营销及其他活动的开展。随着社会经济的发展和物价水平的提高，少数民族传统体育文化活动的组织成本日渐增加，现有的活动经费无疑是杯水车薪。

四、政策支持不够

少数民族传统体育文化资源是一种公共性资源，政府理应是这一资源的保护主体和开发主体。政府应该为少数民族传统体育文化的保护和发展制定相关法律政策，并承担投资主体的角色，对社会大众进行引导和宣传。目前，广西制定了《广西少数民族传统体育文化发展规划》，从自治区层面进行了战略规划与部署，而市、县政府在少数民族传统体育文化资源的保护与开发过程中缺乏清晰的认识和明确的职责分工，没有制定具体的措施，发布有针对性的文件，对保护与开发少数民族传统体育文化尚未形成整体的规划、布局，缺乏统一安排。可以说，目前广西少数民族传统体育文化资源的保护与开发总体上处于一个“无序、无法、无依、无靠”的自发状态。

五、理论研究滞后

目前，对广西少数民族传统体育文化的研究主要集中在对少数民族传统体育文化旅游开发的研究上，而对体育文化资源的调查、分类、保护等方面的研究较少。而且对少数民族传统体育文化的概念没有一个统一的认识，出现了“民族体育”“传统体育”“民族传统体育”“少数民族传统体育”等概念。思想认识的模糊、理论研究的滞后对实践造成了一定的误导。当前，少数民族传统体育文化资源的保护机构与研究机构脱节，保护机构的研究性不足，研究性机构的保护力不强，导致保护和研究的力度均不够。从目前广西少数民族传统体育文化方面的研究状况来看，一些科研工作者热衷于基础理论研究，而应用性研究很少。很多科研人员都集中在大中城市的高校、科研院所，基层和地方的研究人员很少。研究缺乏第一手资料调查，更多的是通过翻阅、查找文献来获取数据，到民族地区进行实地调查研究的较少。

第二节　广西民族传统体育文化开发利用中存在的问题

近几年，广西传统体育资源的挖掘、整理、保护工作成效显著，民族传统体育项目的开发利用以及与旅游产业的融合发展经历了较长一段时期，凸显出一些问题。

一、旅游产品缺乏文化创意，吸引力弱

创新人才紧缺，项目创新意识薄弱，创意产品单一、重复，在被开发利用的体育项目活动中，活动方式重复、简单，游戏形式单调，缺乏文化内涵，旅游体验比较平淡，对旅游消费者吸引力不强，难以带来持久的经济效益。

二、资金投入不足，产业化程度低，没形成独立品牌

现有的传统体育项目在体育旅游中仅起辅助作用，体育旅游产品没有突出地方性、民族性特色，产品知名度低，没能形成品牌轰动效应，社会影响力不大。抢花炮、赛龙舟等大型传统体育赛事虽然观赏性强，但项目难度大，游客只能观赏比赛，在短暂的旅游时间内很难参与其中体验运动乐趣。传统龙舟竞渡赛事等大型活动耗资大，运作困难，规模及影响力不足。龙舟赛事的普及、龙舟职业化及现代化转型远远落后于国际国内的发展形势。

三、基础设施不完善，服务质量不高

一方面，交通不便导致外地游客不方便进入，游客丰度不足，产业经济效益不理想；另一方面，产业配套服务设施少，不能满足游客的消费需求。

四、现代媒体信息传播技术利用不充分，宣传效果不佳

在媒体传播方式中，仅仅依靠少数网站和个别电视频道传播信息，关注人数有

限。而且网页中文字描述的信息内容不能很好地诠释传统体育文化的内涵，不能激发人们的兴趣，缺乏吸引力，从而导致信息传播的低效，宣传效果不佳。

第三节　广西民族传统体育文化开发与利用的对策

一、加强对民族传统体育资源的拯救

民族传统体育保护传承示范区项目的实施为广西加强对民族传统体育资源的保护和开发提供了办法。第一，要对民族传统体育资源进行深度整合，从浮在表层到攻坚深化，从民族传统体育外在的表现形式挖掘其深厚、多样的文化内涵。第二，创造民族传统体育良好的发展前景，要注重对民族传统体育文化的顶层设计，把整体推进和重点突破结合起来。总而言之，通过加强对民族传统体育资源的挖掘、整理、开发，完善文化管理体制，建立健全现代文化市场体系，构建现代公共文化服务体系，提高文化开放水平。

二、建立并完善广西民族文化的治理体系

党的十八届三中全会提出了全面深化改革的指导思想、目标任务、重大原则，描绘了全面深化改革的新蓝图、新愿景、新目标。抓住这次机遇，对于广西来说有着特殊的重要意义。广西少数民族传统体育文化是中国传统体育文化的有机组成部分，建立广西民族文化的治理体系，有利于发展中国特色社会主义文化。应发挥政府的主导作用，结合广西民族体育发展的实际，坚持以民族文化为导向，构建开放性的文化体制。同时，只有将民族体育文化治理体系的完善与体制、机制、法律法规的完善紧密联系，才能构建高水平的治理体系，有利于民族传统体育治理体系的制度化、规范化、科学化，抓好制度执行，把制度优势转化为治理效能，推进民族文化治理体系和治理能力的现代化。

三、充分开发广西民族传统体育文化的和谐因素，增强构建社会主义和谐社会的能力

民族传统体育对构建社会主义和谐社会意义重大。要想充分发挥其作用，需要最大限度地挖掘其和谐因素，加强各民族交往、交流、交融，促进民族团结，凝聚、鼓舞民心。

四、立足传统，创造出与现代人生活需要相适应的现代民族体育项目

与现代体育的结合逐渐成为广西体育现代化发展中的一个现象，既能顺应社会经济的快速发展，又能满足现代人的生活需要。西方体育的价值观对东方体育文化的渗入也在潜移默化地改变着广西体育文化的发展轴心，在带动广西民族传统体育快速发展的同时，渐渐弱化人们对民族传统体育的理性认知，逐渐削弱了传统优势，或失去了原有的民族特殊性。要摆脱民族传统体育的这种畸形发展方式，关键是要结合广西的历史文化背景，立足传统，在继承与创新的基础上，开拓并推广具有民族精神和民族特色的传统体育，走出适合自己的多元化的创新发展之路。还应考虑民族传统体育的整体性，体现其民族性。大力发展那些具有良好经济效益和满足人民生活需要、娱乐需求的项目。

五、构建多功能的人才培养模式

我们要以民族传统体育项目基地的建设为出发点，应对广西民族传统体育人才缺失的情况，制订人才培养方案，有计划、有步骤地加强培养和训练发展民族传统体育需要的技能突出、民族专业特色显著的体育教师、教练员、运动员等人才。政府要加强资金支持和政策鼓励，调动学校特别是民族高等院校体育系和民族体育专门院校办体育的积极性，培养民族传统体育专门人才。

六、依托区位优势，打造区域民族产业的发展路径

广西连接着中国的东南和西南地区，是全国唯一具有沿海、沿江、沿边优势的少数民族聚居区。它侨民众多，物产、矿产资源丰富。因此，广西大可依托所处的区位优势，向全国辐射民族文化，充分利用水、陆、空等交通手段以及通信网络，促进多民族的文化交流，树立民族文化形象，打造区域文化品牌，形成区域民族文化产业，发展集文化传播和旅游经济于一体的民族产业。同时，少数民族体育事业在文化传播和旅游经济发展中也得到进一步发展。

第五章　广西民族传统体育文化资源开发利用现状分析

第一节　广西民族传统体育文化资源开发利用的意义

一、有利于促进民族地区对外开放

由于历史的渊源与自然生存环境的限制，广西民族地区长期以来处于缺乏与外界交流、自我封闭发展的状态中。改革开放以来，国家和地方虽然在民族地区投入了大量的财力、物力、人力，但长期的封闭环境依旧是该地区脱贫和发展的重要障碍，社会经济发展仍然较为滞后。随着我国社会经济的发展和人民生活水平的提高，人们对集自然和谐性、地域性、强身健体性等特性于一体的少数民族传统体育将更加热衷。广西民族地区拥有内涵丰富的传统体育文化资源，对其进行合理的开发利用，不仅可以有效促进民族地区的社会经济发展，还可以让更多外界的人流、物流、信息流进入民族地区，进而打破其封闭性。传统体育文化的开发利用所产生的大量信息流对打破广西民族地区长期封闭的状态、促进人们观念的转变具有非常重要的作用。此外，通过对传统体育文化资源的开发利用，各民族可为自己找到一个向外部世界展示自我的载体和平台。广西少数民族传统体育文化活动是一种特殊的民族文化的展示活动，其项目的表现形式（包括隐含于内的民族性和显形于外的身体运动）无不体现各个民族的宗教信仰、传统习俗、历史文化、伦理道德、民族情感等内容。对少数民族传统体育文化资源的开发利用，无疑将会为各民族寻找到一条通往外部世界，使之尽快融入世界经济体系的途径；也有助于树立当地良好的区域文化形象，提高当地知名度和美誉度。通过与外部世界的交流，学习先进文化、先进技术，不断促进本民族、本区域的社会经济发展。

二、有利于推动当地区域经济的发展

进入 21 世纪以后，体育运动的作用已远远超出了锻炼身体和娱乐活动的范围，而成为衡量一个国家是否强盛的重要标志之一。拥有丰厚的少数民族传统体育文化资源，只意味着拥有了资源优势，并不意味着拥有社会财富。要使少数民族传统体育文化资源优势转化为经济优势，并形成社会财富，就离不开传统体育活动的广泛开展，离不开对少数民族传统体育文化资源的开发利用。由于对少数民族传统体育文化资源的保护和开发利用受认识水平和生产力发展水平的限制，只有当人们认识到少数民族传统体育文化资源在经济生活中的价值和重要性后，才会主动地对其加以开发利用，民族体育文化资源的价值才能真正得到充分体现。广西少数民族传统体育文化因具有丰富的文化内涵，极具开发利用价值，目前通常以旅游开发、节庆活动、体育竞技赛事等形式向世人展示其丰富的文化内涵。其实，参与传统体育活动的过程本质上就是接受民族文化熏陶、感受独特民族文化的过程，人们通过自己观察文化现象，或者直接参与到体育活动中，以亲身经历去感受和体会民族文化的独特魅力。当前，随着社会经济发展和人们收入与消费水平的提高，人们追求高品质生活的欲望越来越强烈，对文化消费提出了更高的要求，追求品位、时尚的新消费群体越来越需要高质量的文化消费品。少数民族传统体育文化资源以其文化内涵的丰富性、表现形式的多样性及别具一格的趣味性，日益受到大众青睐。传统体育文化资源的社会经济价值，尤其是在文化产业发展中的巨大潜力，已受到社会各界的广泛关注。广西民族地区在制定当地文化产业和体育产业发展规划时，强调要大力推进民族传统体育文化产业的发展，使之形成文化品牌，实现“文化遗产”向“文化资本”的转化。

三、有利于民族自信的形成

传统体育文化作为一种综合性的民俗文化，包含着人们的价值观念、道德观念、审美情趣以及人们的行为模式等，具有鲜明的民族特色。广西少数民族传统体育文化是该区域各少数民族群众在长期的生产劳动和生活实践中积淀形成的民族文化，作为少数民族自身文化的重要组成部分，蕴藏着本民族的文化基因和精神特质，具有振奋民族精神、维系民族情感、增强民族凝聚力等多方面的功能。对广西少数民族传统体育文化资源进行开发利用，可以使传统体育文化在现代语境中重新焕发出生命力。在开发利用的过程中，往往会对其相关文献和实物资料进行大规模的收集和整理，深挖其文化内涵，并以多种方式展现在世人面前。外来游客对传统体育文化的欣赏和赞叹会让这些文化遗产的拥有者倍感自豪，有助于增强其对本民族文化的认同感，进而增强其民族凝聚力和向心力，使其更加自觉地保护和发扬本民族的传统文化。由于国家及地方对民族传统文化抢救与保护措施的大力实施，以及近年来民族文化体育产业的兴起，部分即将失传和中断的传统体育项目得到了恢复，群众的民族自信心和自豪感与日俱增。

四、有利于民族文化的交流与传承

文化的交流是朝横向延伸，而传承则是朝纵向延伸，这些都对文化发展十分重要。文化的交流使民族文化或多或少地受到其他民族文化的影响，或是以某种特殊的方式去影响其他民族文化。开发利用具有民族性、群体性和大众普遍参与性的体育运动项目，不但丰富了人们的娱乐生活，而且为各民族的广泛交流提供了机会，有助于促进各个民族间文化的交流与传播。对传统体育文化资源开发利用的方式多种多样，通过旅游开发，举办以审美和愉悦为终极目的的参观游览活动，有利于本地文化和外来文化之间、游客和当地居民之间直接的接触和交流。当来自世界各地的旅游者在购买、体验和消费民族传统体育文化旅游商品时，包含在民族传统体育文化旅游商品内的文化理念也就在与旅游者接触的过程中被糅合进了他们的文化体系，并被传播到更广阔的领域。同时，旅游者在与当地居民交流的过程中，也通过自身的言谈举止将自身的文化内容传播到旅游目的地。这种不同文化体系之间的传播和交流打破了不同地域、不同民族间的隔阂，有利于增进彼此间的相互理解。有关统计资料显示，近年来以文化、体育交流为主要旅游目的的入境游客在目的地的停留时间比其他旅游目的的游客的停留时间长。民族文化体育旅游不仅成为政府部门发展经济、吸引外资的重要方式，也已经成为国内外旅游者了解广西少数民族生活方式的一种途径。

五、有利于为传统体育文化的保护与创新提供资金保障

切实保护少数民族传统体育文化需要进一步搜集、完善资料，还需要改善传承人的生活状况，保证传统体育文化的传承。而相关工作的顺利开展无疑需要大量资金的投入。由于中国文化遗产保护起步较晚和遗产保护公共投入不足，要对广西的少数民族传统体育文化资源实现全面有效保护，仅仅依靠有限的地方财政拨款是难以实现的。面临时下保护资金短缺的现实困境，可通过开发少数民族传统体育文化资源具有的经济价值来弥补其保护资金不足。当然广西少数民族传统体育文化资源不仅仅是体育运动项目，还包括旅游观光、体育探险甚至文艺表演等，这些也都具

有广阔的发展前景。因此，广西应将部分有特色且较具开发价值的传统体育文化项目进行策划、组合、包装，加以开发利用，通过迅速发展地方传统体育文化相关产业，增加地方财政收入，使有关部门有更多可支配的资金用于少数民族传统体育文化的保护工作，为其可持续发展提供资金保障。在少数民族传统体育文化开发利用之前，其传承、发展主要靠民间自发进行。而随着时代的发展，部分传统体育项目逐渐失去了其赖以生存的文化、经济土壤，社会功能亦日益淡化，面临消失的尴尬境地。广西少数民族传统体育文化资源的开发使其所蕴含的价值、功能得以重现，直接推动了一批少数民族传统体育文化的复兴。此外，政府也更加清楚地认识到传统体育文化保护对当地经济发展的重要性，逐渐加大了资金投入，通过采取各种措施加强对传统体育文化的保护：投入专项资金，用于传承人保护和培养；加快了少数民族传统体育文化相关资料的发掘整理工作；强化了民族体育基础设施建设；积极探寻产业化发展的途径；加强宣传，营造有利于民族体育发展壮大的社会氛围；等等。此外，广西少数民族传统体育文化资源开发利用的另一个重要意义在于，可为少数民族传统体育文化在新的时代背景下的发展注入外部动力，使之顺应时代发展的要求，与社会接轨，不断被传承、发展和创新。

六、有利于优化传统体育文化的生存与发展环境

广西少数民族传统体育文化的可持续发展离不开其产生和发展的土壤，即其赖以生存的自然环境和人文环境。环境对少数民族传统体育文化的发展具有重要的影响。当前，广西相当一部分传统体育文化的失传或濒临消失与其生存环境的变化有着直接的关联。因此，保护传统体育文化不能只局限于对传统体育项目的抢救和保护，更应该对其依存的环境加以关注和保护。传统体育文化有其产生的社会文化背景和经济动因。但随着城市化和现代化进程的不断推进，广西少数民族传统体育文化面临经济全球化和市场经济的冲击，其赖以生存的文化土壤和经济基础均发生了重大变化，蕴含的民族群体心理特征、价值取向等均已和原生的状态相去甚远。由此可见，在新的时代背景下，进一步保护和优化广西少数民族传统体育文化发展的环境十分重要。没有适宜的生存和发展环境，即使具有浓郁的地方民族特色，少数民族传统体育文化的发展也很难长久。开发是为了更好地保护，是为了传统体育文化能够更好地传承和发展。广西对传统体育文化的开发利用在一定程度上有助于优化传统体育文化的生存与发展环境。一方面，开发利用传统体育文化资源可为传统体育文化提供现代的发展环境和生存空间。一些已经失传或传承体系已经断裂的民族传统体育项目因为其具有的丰富文化内涵或娱乐性、观赏性、寓意性价值而被开

发者所重视，从而得以恢复，重新焕发旺盛的生命力，成为当代生活不可或缺的重要组成部分。另一方面，开发利用民族传统体育文化也为传统体育文化提供了文化传承、经费支持、产权保护到技艺拓展等各方面的良好条件和发展环境。与此同时，在开发利用中，为当地少数民族带来一系列社会经济效益的传统体育文化也势必会得到当地居民自发的保护和传承，从而为其在新的时代背景下传承和发展营造了良好的环境氛围。

七、有利于重塑民族文化遗产的价值体系

广西少数民族传统体育活动中蕴含着在漫长社会生活中形成的独具民族性和地域性特色的民族文化，是形成该民族特有的精神力量和价值体系的基本构成因素。然而，随着当前社会经济的快速发展，少数民族传统体育文化所表现出的文化价值呈现出日益消减和衰微的趋势，原本的文化价值体系随之日益消解。但值得欣慰的是，随着民族传统体育文化开发利用工作的不断深入，其原有的文化价值在新的时代背景下重新得到了人们的关注，传统与现代之间也因此形成了良性的互动，民族文化得以焕发出勃勃生机。根据有关学者研究，民族文化的价值化主要体现在三个层面。

一是由市场或游客带来的经济价值。民族文化能带来经济效益，能给文化遗产所有者带来直接的经济收入，实现谋生层面的价值化。

二是少数民族群众自我文化价值的实现。开发中，许多古老的神话故事、节日仪式等又重新为人们所捡拾。各种文化价值内涵，如祖先流传的文化价值内涵、民族历史的价值性内涵、民族精神的价值内涵等，又得到了深度挖掘和新的升华，重新焕发出夺目的光彩。

三是通过开发利用，处于边缘地位的文化被主流文化认同。因此，可以这样认为，少数民族传统体育文化资源的开发利用不仅使传统体育文化产生了较为显著的社会经济效益，也改变了长期以来人们对其所持的态度和观念，有助于提高传统体育文化在民族地区的社会地位。

八、有利于为维护文化遗产的多样性提供保障

在全球经济一体化背景下，文化多样性的意义已经日益受到各国的高度重视。文化多样性不仅有助于留住传统文化的根，还有益于促进民族文化的发展。保护民族文化特征和文化多样性，关系民族自身的存在价值，它是各民族身份认同、文化认同的前提条件，更是民族文化在新的时代背景下发展、创新的源泉。我们对少数

民族传统体育文化进行开发利用的出发点之一就是维护好文化遗产的多样性。当前，我国西部地区不少省区市积极申报世界级、国家级的文化遗产名录，以期提高当地文化遗产的知名度，为其保护与深入开发制造声势。近年来，广西也投入大量人力、物力开展这项工作，研究者对包括少数民族传统体育文化在内的一些文化遗产资源的演变发展历程及文化功能和价值进行了系统的整理研究，为其保护与开发工作的推进奠定了基础，成效显著。一些少数民族传统体育文化资源先后被世界或国家级的文化遗产名录收录，并由此得到了更深层次的保护与开发利用；其潜在的文化价值得到了更深层次的挖掘，创造了较好的社会经济效益。

此外，在对广西少数民族传统体育文化进行开发利用的过程中，必然会对其进行大量的宣传与促销，激发众多潜在消费者的消费动机，客观上为扩大其影响开拓了新的途径。通过进一步提高知名度，吸引更多的力量参与到少数民族传统体育文化的保护中来，壮大了包括传统体育文化在内的民族文化遗产保护力量，为维护文化遗产的多样性，奠定了较为广泛的群众基础。

第二节　广西民族传统体育文化资源开发利用所取得的成绩

一、广西少数民族传统体育文化资源的抢救与保护工作成绩较为显著

近年来，广西各级政府部门及社会民间力量为抢救与保护少数民族传统体育文化做了大量卓有成效的工作，对许多濒临消失的传统体育文化进行了积极有效的抢救与挖掘，取得了一系列的成绩。

（一）广西少数民族传统体育项目抢救工作的深入推进

广西少数民族传统文化极其丰富，鉴于少数民族传统体育文化的特殊性，其保护和抢救工作显得尤其重要。针对众多传统体育文化资源面临失传和流失速度加快的现状，广西壮族自治区创编初级壮族舞健身操、中老年侗族舞健身操、壮族舞健身操、瑶族长鼓舞健身操、京族斗笠舞健身操等独具广西少数民族特色的健身操，以大众化健身操的形式向广大群众传播传统体育文化，加强对少数民族传统舞蹈的保护与传承。

（二）广西少数民族传统体育文化遗产申报工作的有序进行

近些年来，广西各级政府对本地的少数民族传统体育文化资源进行了收集与整理，并积极申报各级非物质文化遗产名录。从目前获取的信息统计，广西共有传统体育项目 476 项，入选国家级非物质文化遗产名录的有 2 项，入选广西壮族自治区非物质文化遗产名录的有 18 项。

（三）文化传承机制的初步建立

少数民族传统体育文化的传承与发展是以人为载体进行的。民族民间艺人是文化传承中的关键环节，特别对少数民族而言，民族民间传承人的传承行为往往可以决定民族民间传统文化的发展趋势。因此，建立健全文化传承机制很有必要。在有条件的市、县（区）建立非物质文化遗产传习馆，组织传承人开展教、帮、带、传等形式的文化传承活动。文化馆（站）辟设场地开展传授、学习、展览传承等活动。同时，以组织传承、活动传承、传承人自我传承、社会力量传承等科学有效的方式开展非物质文化遗产传承工作。

二、政府对少数民族传统体育文化资源的重视度日益加深

（一）少数民族传统体育文化的保护、开发政策逐渐完善

对少数民族传统体育文化的开发与保护，国家的立法保护与相关政策的扶持是必不可少的。《中华人民共和国体育法》中提出："国家鼓励、支持民族、民间传统体育项目的发掘、整理和提高。"这在政策上明确了国家对开发利用少数民族传统体育文化的支持态度。《2001—2010 年体育改革与发展纲要》中还特别强调了民族地区要"发挥地方优势，开发民族体育资源，做好民族体育资源的挖掘、整理和推广工作"。此外，《中华人民共和国非物质文化遗产法》明确将传统体育文化列入国家非物质文化遗产的保护范围。这些体现了国家对民间传统体育文化的保护政策正不断完善。广西对传统体育文化的开发和保护侧重于建设国家少数民族传统体育保护传承示范区。2011 年出台的《广西壮族自治区少数民族传统体育保护规划（2011—2015 年）》中就明确提出了要建立"一核五圈五中心"的传统体育文化保护格局。

（二）政府资金投入力度不断加大

政府对少数民族传统体育文化资源的开发利用除了在政策上加强对民族传统文

化的保护外，还增加了对少数民族传统体育文化生存空间的开发投入，主要体现在对少数民族地区的民族体育基础设施的资金投入上。以崇左市为例，该市以“短衣壮”闻名的大新县板价村被确定为广西壮族自治区民委民族文化联系点以来，政府为了开发和保护“短衣壮”浓郁的民族生态文化，共投入30多万元为该村修建道路，新建文化活动室、戏台等，并成立了“短衣壮民族民俗风情业余表演队”，挖掘整理20多个民族歌舞节目，使这个壮族村寨成为边关一线的民族生态文化旅游点。

三、少数民族传统体育文化资源的开发模式逐步多样化

（一）与少数民族传统体育文化相结合的民族旅游业的发展

当前，广西积极利用民族体育文化事业来发展旅游业，并已取得一定成绩。广西凭借其境内旅游资源丰富、民族文化绚丽多彩的优势，积极开发民族体育旅游。广西各景区、景点内基本上都开展了若干少数民族体育文化活动，初步形成了一定的市场规模。可见，少数民族传统体育旅游成为广西旅游业一个重要而活跃的项目。

（二）少数民族传统体育运动会的持续举办

少数民族传统体育运动会的举办成为各族群众大范围地了解少数民族传统体育文化的平台。目前，许多少数民族传统体育项目已经被改造为体育竞技项目，进入民族体育运动会中。全国少数民族传统体育运动会已成为让大众了解民族传统体育文化的窗口。除了全国少数民族传统体育运动会，广西还举办了省（区）级少数民族传统体育运动会。运动会的举行既有利于对各个民族传统体育项目的保护与开发，又有助于促进民族地区经济的发展。

（三）少数民族传统体育文化与教学的相互渗透

自20世纪90年代开始，全国许多高校先后开设了少数民族传统体育专业，各地的民族中、小学校也均设有少数民族传统体育课程。广西分别在各地级市、高校设立民族传统体育示范学校，并设置了许多流行的民族传统体育项目，作为保护、传承、开发研究民族体育项目的平台。广西民族大学开设的体育课程中包含三人板鞋、珍珠球、毽球、竹竿舞、抛绣球、高脚竞速、抢花炮等教学内容。

四、少数民族传统体育文化资源的经济产业初成体系

（一）少数民族传统体育基础设施的逐步完善

民族传统体育的基础设施是进行体育活动的基础。近年来，广西在体育基础设施建设方面仍取得了较为突出的成绩。据统计，目前广西共有大小场馆 40 564 个，其中具有一定规模的运动场有 127 个；拥有武鸣射箭训练基地、巴马瑶族自治县射弩基地、富川县炸（舞）龙基地、柳江区体育中心抢花炮训练基地等一批规模较大的少数民族体育训练基地。众多的运动场地为少数民族体育文化资源的保护与开发提供了保障。

（二）少数民族传统体育产业的逐渐规模化

2010 年出台的《国务院办公厅关于加快发展体育产业的指导意见》指出："各级政府要高度重视促进体育产业的发展……加强对体育产业发展的区域布局，根据不同地区的比较优势和经济社会发展情况，合理规划……协调不同地区的体育产业发展。"这是国家从战略高度对区域体育产业发展提出的指导思想。随着国家体育产业呈现出良好的发展势头，广西少数民族传统体育产业发展亦逐步成熟。

第三节　广西民族传统体育文化资源开发利用中存在的问题及对策

一、广西民族传统体育文化资源开发利用中存在的问题

（一）缺乏民族文化内涵，商业化、雷同化现象较为严重

广西少数民族传统体育文化资源丰富且各具特色。从该区域各少数民族传统体育项目的形成来看，因其起源各不相同，所蕴含的体育文化内涵也各有不同。综观广西各地已开发的少数民族传统体育项目可以发现，各地区在资源利用上呈现一定的趋同性。目前，广西对民族体育资源的开发片面注重挖掘传统竞技体育的人力资源、项目内容等，侧重于商业上的开发利用，过度重视传统体育内容的外部包装，而忽略其自身内涵；过度重视传统体育的经济开发价值，而忽视其文化价值。同时，

在商业利益的驱使下，一些已开发的少数民族传统体育项目的内容大同小异，商业化现象严重，缺乏民族传统体育文化的特色。

（二）缺乏科学的规划与指导，开发利用水平整体不高

少数民族传统体育文化资源的开发，特别是在起步阶段，与政府的指导与规划是紧密联系的。目前，广西还没有专门的机构对少数民族传统体育资源进行有效管理，而相关体育部门又无力从事民族体育的挖掘、整理、研究、开发工作，因而对民族传统体育资源的开发利用往往缺乏自上而下的科学的规划与指导，开发带有一定的盲目性、随意性。对体育资源的开发利用不足，导致传统体育项目整体利用水平不高。广西虽然拥有丰富的民族传统体育文化资源，但目前还有许多民族传统体育项目散落在民间，没有得到很好的挖掘和整理，已经开发利用的民族传统体育项目大多以表演形式供游客观赏。

（三）少数民族传统体育文化开发结构的布局失衡

目前所开发的广西少数民族传统体育文化资源结构经济布局存在不平衡的现象。许多少数民族传统体育项目的开发不但缺乏规模，而且开发水平较低。

1.传统体育资源开发空间的不平衡

从开发的传统体育项目看，大部分的传统体育开发往往是偏向于开发人口较多、居住较为集中的民族地区；而对居住较偏远、人口较少的民族地区而言，其开发力度远远低于前者，如广西的壮族、苗族、瑶族等人口较多的少数民族传统体育项目是开发的重点对象。而已经开发利用的民族体育资源往往是通俗易懂、观赏性较强的体育项目，其他由于各种因素所限没有进行开发的体育项目则往往容易被“边缘化”。这样在资源的开发整理中，就失去了许多有特色的少数民族传统体育项目，导致传统体育资源的开发在空间位置上出现不平衡的现象。

2.传统体育资源开发功能的不平衡

目前，广西大部分传统体育资源的开发利用多侧重于传统体育活动所具有的商业、娱乐功能，往往忽略了教育功能。广西将少数民族传统体育项目引进课堂的学校的数量有限，大多引进传统体育项目的学校属于大中城市的中小学校或高校，而处于县或乡镇的中小学校则因对传统体育项目开发意识的欠缺或受到开发条件的限制，尚未引进传统体育项目。此外，在体育教学过程中，开展的少数民族传统体育

项目多局限于武术、舞龙、舞狮及一些为了参加比赛而临时开设的民族传统体育项目。少数民族传统体育项目在体育教学中处于偏弱势的地位。与传统体育的商业化经济功能相比较，传统体育项目在学校中的教育功能仍未得到很好的体现。

（四）人才匮乏，从业人员素质不高，服务水平低

目前，广西少数民族传统体育文化传承人的匮乏是制约其开发利用的关键因素。一些少数民族传统体育项目面临后继无人的尴尬境地，关于少数民族传统体育项目失传的例子不胜枚举。此外，开发管理人员的奇缺导致少数民族体育旅游缺乏合理的规划和管理，开发设计人员缺乏，这直接影响少数民族传统体育文化资源的开发。目前，广西大部分从事少数民族体育旅游的管理人员都缺乏相关的管理经验与文化知识。此外，随着广西少数民族地区与外界的交往日益频繁，村寨中的年轻人大部分都选择外出打工，造成大量传统体育文化产业从业人员的流失。

二、广西民族传统体育文化资源开发利用的对策

（一）在产业形态上进行产业集群式发展

体育产业集群式的发展形式在国内不同的地区有着不同的表现形式。北京奥运会场馆的修建带动了旅游、酒店、房地产等相关产业的发展，形成了以奥运体育场馆为中心的体育文化产业集群；在福建晋江，体育器材、体育设备、体育用品的生产、销售带动了酒店、旅游、会议、会展、国际贸易、房地产等相关产业的发展，形成了体育用品研发制造中心、体育会议展销中心和体育休闲运动中心；上海以 F4 赛事为杠杆，撬动了城市旅游、体育、节庆、汽车等产业的全面发展。当前，广西少数民族传统体育文化产业集聚式的发展需要借助城市平台，凭借城市聚集和辐射功能来促进少数民族传统体育文化事业的繁荣。城市平台的首选地是南宁，其次是柳州和桂林。因为南宁是中国—东盟博览会的主办城市，客流聚集量大，对接国际与社会资本具有先天优势；柳州是重工业城市，生产设备先进，城市基础雄厚；桂林是国际性旅游城市，具有吸纳国内、国际游客的资源优势。因此，广西可依托这三个城市，建设大型的少数民族体育场馆、体育科技园区、体育技术城、高新体育用品工业园区等，使少数民族传统体育场馆的建设与现代体育场馆的建设相结合，形成体育产业集群。政府以区域的特色产业、优势产业为重点，通过产业园区的规划与建设，积极引导企业、资金、人才向园区聚集。另外，积极吸引资本在南宁、柳州和桂林这三个城市投资建设少数民族传统体育健身俱乐部、体育旅行社等实体

企业，从而带动广西体育生产、体育制造、体育赛事、体育旅游、体育会展、体育房产等相关产业的发展和聚集。

（二）在空间结构上进行带状圈层式发展

广西少数民族传统体育文化资源的分布具有带状和圈层分布的特征。因此，广西可凭借边境区位优势，以防城港、北海、钦州为一级节点，以崇左以及其他所辖区（县）为二级节点，充分利用滨海和沿边条件，加强与东盟国家的合作，开发滨海体育、山地体育、休闲体育、民俗体育，形成富有特色的少数民族传统体育文化走廊；以柳州的柳江和红水河为中心，通过龙舟竞渡等水上少数民族传统体育活动，建设百里柳江水上体育长廊、红水河全民健身长廊；以南宁为中心，以中国－东盟博览会为重要平台，发挥区域中心城市的核心带动和辐射功能，将南宁打造成少数民族传统体育的核心圈；强化各地市、区（县、县级市）、街道（乡、镇）、社区（行政村）的服务能力，为少数民族传统体育保护工作提供全方位的服务支持，形成全区的少数民族传统体育的服务中心、发展动力中心、国际合作中心；以百色市为中心，以平果、田林、隆林、西林、凌云、乐业为主要节点，以南昆铁路、南百高速公路和国道 324 线为主要廊道，建设百色少数民族传统体育保护与发展圈；以河池为中心，以马山、都安、大化、南丹、天峨、宜州、巴马、东兰、凤山等地为主要节点，以水南高速路、210 国道为主要廊道，以河池学院为主要支撑点，把河池市建设成少数民族传统体育传承保护圈；以柳州为中心，以三江、融水为重点，以来宾、合山、贵港、桂平、象州、武宣、忻城等地为次要节点，以国道 322 和柳南高速路线为廊道，建设具有柳州特色的少数民族传统体育文化保护发展圈；以桂林为中心，以龙胜、临桂、灵川、兴安为主要节点，形成以山水文化旅游为主题的少数民族传统体育文化圈。

（三）在保护形式上进行试验基地式保护

广西少数民族传统体育文化资源的保护可以从自然保护区和国家森林公园中借鉴保护的经验。为了保护濒危动物和植物，设立国家级的自然保护区或省级的自然保护区；为了维护区域的森林植被，设立国家级的森林公园或省级的森林公园。那么，为了保护濒危的少数民族传统体育文化，也可以设立国家级的民族体育文化保护区或者省级的民族体育文化保护区。可以通过文化资源保护区或者文化保护试验基地建设这样一种方式，促进传统体育文化的保护与发展。文化保护基地的建设可以根据不同地域环境，采取不同的保护方式，设立不同的保护基地。例如，首先，在原生态民族文化村寨建立原生态的民族体育文化保护区，在保护区内对当地的民族传统、习俗等方面的文化进行重点保护。对于文化保护区，虽然不能采取隔离措施，但是可以采取有关的干预措施，保护好当地传统体育文化的生存环境，减少现代文化对传统体育文化的冲击和同化；重点保护当地传统艺人、文化传承人，以确保文化传承的可持续性。其次，在一些高校、科研院所建立少数民族传统体育文化研究基地，通过选拔优秀的传承人，开办民族传统体育文化教育班，培育少数民族传统体育文化传承人，改变少数民族传统体育文化后继无人的尴尬局面。增设少数民族传统体育资源开发和整理部门，尽量记录少数民族传统体育文化的信息；建立少数民族传统体育文化训练基地，在南宁、桂林、柳州等城市建立少数民族传统体育训练基地，使少数民族传统体育的训练和竞赛制度化、正规化，使少数民族传统体育在竞赛杠杆的推动下，建立起完善、规范的训练制度。

（四）在发展模式上进行文旅联动式开发

少数民族传统体育文化资源与旅游结合进行联动式开发是一种双赢模式。少数民族传统体育文化产业发展的初始阶段附属于旅游业和文化产业，能够避免少数民族传统体育陷入孤立发展的境地。根据不同的内容和形式，广西少数民族传统体育文化资源与旅游的结合可以采取不同的联动方式。首先，对于旅游强势、体育资源处于弱势者，可把少数民族传统体育项目融入旅游景区的开发中，如刘三姐大观园等景区。其次，对体育文化强势、旅游资源处于弱势者，可通过少数民族传统体育文化活动的举办，吸引游客，聚集游客，然后将游客分流到周边的旅游景区。这是少数民族传统体育带动旅游发展的模式，如富禄的花炮节、宾阳的炮龙节等，通过大量游客的分流，带动区域景区的发展。最后，对于旅游和体育实力均衡者，可通过少数民族传统体育文化资源的深度挖掘，形成以少数民族传统体育文化为特色的旅游景区，如体育运动公园。但是，不管何种文旅的联动方式，其归根结底都是要实现资源的优势互补、客源共享、信息共用、产业共建、线路共串，实现广西少数民族传统体育文化事业的繁荣和产业的发展壮大。

第四节　广西民族传统体育文化资源开发利用的前景分析

一、丰富的体育文化资源为其提供了基础条件

广西拥有丰富而独特的体育文化资源。广西一直是少数民族聚集地，在数千年的社会变迁中，广西众多少数民族仍各自保留着其独特的文化习俗和民族风情，创造出绚丽多彩的民族文化，民族传统体育文化活动更是数千年来民族文化中一道亮丽的风景线，是广西少数民族民俗风情的重要组成部分。无论是与少数民族生产生活密切相关的射弩、溜索、打扁担、摔跤、抛绣球、芦笙踩堂、打陀螺等传统体育项目，还是壮族炮龙节、侗族花炮节、水族端节、瑶族达努节、傣族泼水节、彝族火把节等民族节庆活动，其独特性和稀有性都对游客产生强大的吸引力。这些丰富的体育文化资源为其开发利用提供了基础条件。旅游者参与其中，既能达到健身与观赏民族地区美丽风光的目的，又能感受到独特的民族文化。

二、旅游业的迅速发展为其提供了良好平台

广西的旅游业虽然发展起步较晚，但发展势头强劲，尤其是近几年来，旅游产业开发受到广西的高度重视，广西将旅游产业列为国民经济的支柱产业或第三产业中的先导产业进行发展，并不断健全旅游管理机制和旅游发展政策体系，改善旅游投资环境，加大资金的投入力度，完善旅游发展的基础配套设施，从而使广西的旅游业得到了较快的发展。

三、国民经济的增长为其开辟了广阔市场

随着改革开放的深入，我国人民生活水平有了较大的提高。1978 年，我国农村家庭的恩格尔系数约 68%，城镇家庭约 59%，平均计算超过 60%。根据联合国粮农组织提出的标准，恩格尔系数在 59% 以上为贫困。这表明了当时我国还处于贫困阶段，居民的温饱问题还没有解决。改革开放以后，随着国民经济的发展和人们整体收入水平的提高，我国农村家庭、城镇家庭的恩格尔系数不断下降。到 2003 年，我国农村居民家庭恩格尔系数已经下降到 46%，城镇居民家庭恩格尔系数约 37%。此后几年，我国城镇和农村居民家庭恩格尔系数保持持续平缓下降态势，至 2020 年，我国居民恩格尔系数为 30.2%，其中城镇为 29.2%，农村为 32.7%。

另外，在消费方面，随着国民收入的稳步提高，旅游消费、文化娱乐消费、体育消费等与休闲相关的消费持续增长。我国的城镇居民不但具备了体育休闲消费支出的意愿，而且已经积极参与体育旅游消费活动。

由上可知，国内人均收入水平的提高、生活水平的提高、闲暇时间的增多大大推动了我国体育事业的发展，从而也为广西类型多样、风格独特的传统体育文化资源的开发利用提供了巨大的国内市场。

四、全民健身计划的实施为其奠定了坚实的群众基础

1995 年国务院颁布的《全民健身计划纲要》明确指出：“积极发展少数民族传统体育，在民族地区广泛开展以少数民族传统体育项目为主的体育健身活动。”2009 年 8 月 30 日，国务院公布了《全民健身条例》，并于当年 10 月 1 日起施行。这些政策的颁布实施使全民健身运动得到广泛开展，全国上下兴起了锻炼身体的热潮，人们更加积极地参与各种户外运动、室内运动，各种体育基础设施也得到了较快地投资和建设，为传统体育文化资源的开发利用提供了良好的物质条件，奠定了坚实的群众基础。

第六章 广西民族传统体育文化产业发展模式实证研究

第一节 广西民族体育特色之乡——靖西市

一、靖西市的优势与潜力

（一）独具特色的民族传统体育

时代性和民族性是任何一种文化都必须具备的两个基本属性。靖西人民在长期的生产劳动和日常生活中创造和积淀了内容丰富、形式多样、具有浓郁地域特性的民族体育文化，并赋予其以鲜明的时代特征和民族特征。可以说，靖西地区的民族体育文化是一种高价值、深内涵、广渗透的优秀文化。当地投绣球、斗陀螺、抢花炮、狮舞等体育运动，都在一定时期和一定程度上反映和表现了各少数民族的社会历史、政治经济和文化习俗，以及审美情趣和心理状态等。从地域、文化、政策、旅游等几个方面来看，靖西市发展少数民族体育文化极具优势。

（二）丰富的旅游资源

丰富的旅游资源是靖西市的独有财产。景点多、分布广、小集中是该县旅游资源的特色。

1．自然景观神气秀丽

靖西市不仅有丰富的自然山水风光，还有众多受国家保护的稀有动植物。爱布瀑布群、古龙山峡谷群、旧州田园风光、二郎景区等是靖西市优秀旅游资源的典型代表。

2. 岩溶洞穴多姿多彩

岩溶洞穴是靖西的又一独特的旅游资源，不仅有世界闻名、国内罕见的黄色钟乳石龙邦音泉洞，还有蔚为壮观的三牙山卧龙洞、通灵景区等。

3. 名人古迹众多

靖西人文旅游资源众多，如照阳关、坡嘎拉地下长城、张天宗墓园、南天国遗址、刘永福黑旗军诞生地、独笔鹅字碑等。

4. 浓郁的民俗风情

“壮族民俗文化活的博物馆”是人们对靖西市的赞誉。靖西市有多达23种山歌、民间戏曲，有古朴典雅的提线木偶戏、壮剧，有精彩纷呈的节庆活动，还有丰富多彩的弄锣、打尺等传统体育竞技活动。

5. 独特的边关风情

地处中越边境的地理优势使靖西市的边关风情非常突出，龙邦、岳圩等更是历史悠久的通商关口。目前，龙邦口岸为国家一级口岸，历史遗迹碉堡、战壕等军事设施等已成为龙邦镇的军事旅游资源。

（三）独特的地域性和国际性

广西壮族自治区地处祖国南疆，是我国唯一与东盟国家既有陆路通道又有海上通道的地区，也是中国－东盟合作的前沿地带、重要门户和平台。靖西市位于广西壮族自治区的西南部、百色市南部，并处于越南的北部，是西南出海及通往东南亚各国的重要陆路通道，在促进区域协调发展、深化与东盟开放合作、维护国家安全和西南边疆稳定方面具有重要战略地位，在体育领域对外合作交流方面有着自身独特的优势。中国－东盟博览会在南宁举办，更为广西的对外开放和对外文化贸易搭建了平台。依托中国－东盟自由贸易区建设，立足民族体育，突出广西地区的优势，这对推动具有广西地方特色的民族传统体育实现创新和跨国发展具有重要意义。

（四）政府高度重视民族体育文化

为深入贯彻落实《全民健身条例》和广西壮族自治区党委、自治区人民政府关于重振广西体育雄风、实现广西体育“九个新”的决策部署，保护传承广西少数民族传统体育文化，综合自治区评审委员会的专家意见和市、县体育部门的申报意见，广西壮族自治区民族体育特色之乡正式公布。广西民族体育特色之乡有 17 个（其中包含靖西市龙邦镇），且各个乡都形成了自己独特的民族风情文化，有着特色鲜明的民族特色项目。这些为推动广西壮族自治区政府加大对广西民族体育特色之乡的支持力度，保护和传承少数民族传统体育文化，也为广西创建国家少数民族传统体育保护传承示范区和重振广西体育雄风夯实了基础。

二、广西民族体育特色之乡传承与发展的必要性

（一）广西民族体育特色之乡的传承与发展是非物质文化遗产保护的需要

中华民族历史悠久，不仅留下了大量的物质文化遗产，还留下了丰富的非物质文化遗产，各个民族地区都有各自悠久而独特的民族文化。广西境内有 11 个少数民族，这些少数民族在长期的生产和生活实践中留下了大量内容丰富、形式多样的非物质文化遗产。近年来，随着我国“申遗”工作的不断深入，广西已先后有 4 批非物质文化遗产被列入国家保护名录。非物质文化遗产保护是一件功在当代、利在千秋的工作，为了保持人类文化的多样性和多元化，促进体育文化健康持续发展，必须加强非物质文化遗产的保护。

非物质文化遗产是在人类生产生活的过程中，伴随着人类的不断进步而传承下来的文化精髓。民族传统体育是非物质文化遗产的重要组成部分。当今，随着世界经济、文化一体化的发展，以及西方竞技体育的强势主导，更多的人对文化的考虑减少，我国民族传统体育的生存空间越来越小，导致许多民族地区的民族体育文化以及一些传统项目处于濒危状况。因此，在非物质文化遗产面临消失的危机形势下，如何发展民族地区的传统体育是一个值得探讨的问题。

（二）广西民族体育特色之乡的传承与发展是民族体育文化持续发展和多样性的需要

文化是一个国家和民族历史链条上不可缺少的一部分，它关系这个国家和这个民族的命脉。现如今，人类的主观意识不断遭受信息化的影响，随之而来的便是人类生活方式的改变和文化的交融。如果照此发展发展下去，在不久的将来，民族传统体育项目很可能会日益减少甚至消亡，民族传统体育文化只能成为历史的遗憾并出现在博物馆中。这将是一件可怕的事情。我国的民族传统体育项目分布很广，但是受地域限制，其在传承过程和传承方式等方面，受到了很大的影响，处于一种自生自灭、逐渐

消亡的状态。由此可见，广西民族体育特色之乡的传承与发展是民族体育文化持续发展和多样性的需要。

（三）政府高度重视民族文化，民族民间文化日趋成为社会各界所关注的热点

我国是文化遗产大国，5 000 多年的古老文明、漫长的农耕文化历史以及 56 个民族多元化的文化生态，使民族民间文化资源十分丰富且具有极高的价值。少数民族体育文化是我国体育文化的重要组成部分，是在生产生活的过程中，伴随着人类的不断进步而传承下来的文化精髓。目前，受到诸多因素的影响，我国民族民间文化的生存环境日益恶劣，许多非物质文化遗产正在迅速消失。近年来，非物质文化遗产的抢救和保护工作已经引起了党中央和国务院的高度重视。2005 年 12 月 22 日，国务院发布《国务院关于加强文化遗产保护的通知》，要求进一步加强文化遗产保护工作。

随着抢救和保护非物质文化遗产呼声的日益高涨，近年来靖西丰富的壮族传统文化也引起了国家以及社会各界的重视与关注：2002 年，靖西市因民族文化资源丰富、民族文化工作显著被文化和旅游部命名为“民间艺术之乡”；2004 年 5 月，靖西民俗文化被广西民族民间文化保护工作会议列为第一批文化资源普查项目；2005 年 9 月，我国第一座壮族生态博物馆落户靖西旧州；2013 年，靖西参与广西“文化遗产日”主题活动。由此可见，靖西市丰富而颇具特色的民族民间文化资源在获得社会各界关注的同时赢得了专家学者的认可。

（四）在制定“十二五”规划中重点解决的民族体育文化的系列问题

“十二五”时期是建设体育强国、推进体育事业实现新发展、新跨越的重要阶段，是边境地区全面建设小康社会的关键时期，也是广西贯彻科学发展观，促进体育事业全面、协调、可持续发展，重振广西体育雄风的历史机遇期。

民族传统体育是我国社会主义体育事业的重要组成部分，它对弘扬整个中华民族传统文化发挥着不可替代的重要作用。《体育事业发展“十二五”规划》中指出，重视民族民间传统体育的继承和创新，做好挖掘、整理、保护和推广工作，在民族地区广泛开展少数民族传统体育活动。国家“十二五”规划深入实施兴边富民行动、边境文化固边工程，大力发展文化事业，推进文化遗产的保护工作，加强民族优秀民间文化资源的系统发掘、整理和保护。靖西具有巨大的资源优势，其地处边陲要塞，以往边境战事接连不断，这使靖西失去了许多建设发展的机会。以文化促发展，

正确把握民族文化的经济特质，紧跟社会潮流和时代步伐，充分利用和开发当地的民族文化资源，这有利于加快靖西市脱贫致富的步伐，促进当地发展，实现经济振兴和繁荣。可见，广西民族体育特色之乡得到更好的传承与发展对国家“十二五”规划战略部署的深入实施具有重要的现实意义。

三、对广西民族体育特色之乡传承与发展的意义分析

（一）促进各民族大团结、和谐共融，维护社会稳定

靖西地区聚居着壮、汉、苗、瑶、回、满等11个民族，在漫长的历史中，各民族人民结下了深厚的友谊，共同生活在一个统一的大家庭之中。民族传统体育运动本身也是一种社会交往活动，它可以消除外在因素给各族人民带来的屏障，为广大人民群众提供感情交流和文化交往的平台。尤其各种民族的传统节日往往也是各族人民体育文艺活动的盛会，人们在快乐的文体活动中交流彼此的技艺、文化、思想感情等。这在某种意义上使广西民族体育特色之乡得到了更好的传承与发展，对促进各民族大团结，建设和谐社会具有重要意义。

（二）形成体育文化品牌，推动地方经济的发展

靖西市的体育文化具有鲜明的民族特色，素有“绣球之乡”的美称。该地区可以充分利用和开发当地独具特色的民族体育文化资源，迎合当今的旅游发展趋势，走产业化发展之路。在现代社会传承中大力继承、保护和利用现有的体育文化资源，打造独具特色的体育文化品牌，通过投绣球、抢花炮等体育项目，结合实施中的“西南边陲旅游名城”战略，将各民族群众喜爱的具有浓郁民族特色和地方特色的民族传统体育项目融入经贸之中，有效采取“体育搭台，经济唱戏”的方式，不断满足国内外旅游者的需要，不断丰富旅游、娱乐内容，带动地方旅游业的发展。因此，传承与发展广西民族体育特色之乡，有利于更好地继承和保护体育文化资源，形成体育文化品牌，推动旅游业的迅猛发展，不断增强当地的发展能力，实现经济振兴和繁荣。

（三）促进民族传统体育文化的延续与发展

每一种文明都是各自民族鲜活的符号，具有丰富的文化内涵。少数民族体育文化是我国体育文化的重要组成部分，是人类在生产生活的过程中，伴随着不断进步而传承下来的文化精髓，也是中华民族优秀文化不可分割的一部分。靖西人民在长

期的生产劳动和日常生活中，创造了丰富多彩的具有浓郁民族特色的体育文化，体现了人与自然的结合，反映了不同的生活条件、历史发展、地域风俗的特征，是一笔优秀的文化遗产。大力发展文化事业，推进文化遗产保护工作，是广西民族体育特色之乡得到传承与发展的一项重要任务。这样不仅可以丰富边境地区的文化内容和形式，还将对建设广西壮族自治区社会主义精神文明，弘扬和发展我国的体育文化事业发挥重要作用。

四、广西民族体育特色之乡发展现状分析

（一）民族传统体育文化资源有了较为系统的发掘与整合

民族地区现代多元化的发展离不开少数民族传统体育文化资源潜力的挖掘和文化能量的释放，保护和开发利用好少数民族传统体育文化资源是我国社会主义文化大繁荣的时代要求，是实施西部大开发和大力发展文化事业的战略需要，也是推进非物质文化遗产的保护工作以及实施“文化强国”战略的重要内容。靖西市地处广西西南边陲，与越南高平省接壤，因历史和地缘优势，当地在长期的生产生活中创造和积淀了内容丰富、形式多样、特色鲜明的传统体育文化资源，这些都记录着壮族的历史演化的痕迹，形成了一笔优秀而宝贵的壮族历史文化遗产。不同的民族有不同的风俗习惯、爱好，各民族都有自己独创并且喜爱的民族传统体育项目（表6-1）。自从2012年广西壮族自治区民委发布了实施十大重点工程推进国家少数民族传统体育保护传承示范区建设以来，靖西市部分乡镇以某一项或几项民族体育项目为重点，逐步形成了乡镇“特色民族体育”。

表6-1　靖西市主要民族体育（项目）活动一览表

项目名称	族　属	开展地区	活动时间、地点	目的、动机
打尺	壮族	新靖镇	白天，田间地头或村头空旷地	培养竞技意识，促进身心健康
斗陀螺	壮族	全市范围内	白天，田间地头或村头的硬地上	培养竞技意识，促进身心健康
投（抛）绣球	壮族	全市范围内	每年春节前后的歌圩日，村头空旷地	锻炼身体，增进友谊，娱乐身心

续　表

抢花炮	壮族	湖润镇新兴街	每年农历二月初二，野外空旷地	祈求平安富裕，健身娱乐
龙舞	壮族	新靖、禄峒、湖润、龙邦等乡镇社区	春节及平时庆典活动	恭贺新春，祈求吉祥如意，健身娱乐
狮舞	壮族、汉族	全市范围内	春节、庆典活动及拜年，门前或院里	拜年，健身娱乐
武术	壮族、汉族	全市范围内		培养竞技意识，增进身心健康

从表 6–1 可以看出，靖西市民族传统体育项目内容丰富多彩、形式多样、风格独特，主要有投绣球、抢花炮、斗陀螺、狮舞等。由于这些项目不受场地的限制，具有广泛的适应性，在全市范围内得到广泛开展，除具有很高的健身、娱乐价值外，还有很高的历史文化价值，显示了特殊的文化内涵以及民族魅力。因此，对靖西市少数民族传统体育文化资源进行系统发掘、整理和保护，不仅有利于促进靖西市民族传统体育的可持续发展，弘扬广西少数民族传统体育的精神和价值，还有利于丰富“文化广西”建设的内容和形式，彰显“文化广西”建设的内涵与魅力。

（二）当地群众积极组织并参与少数民族传统体育运动会

近年来，靖西市不仅定期举办少数民族传统体育运动会，还积极组织参与全国、自治区的少数民族运动会，并取得了显著成绩。例如，抛绣球这项民间传统的娱乐活动，现已发展成为一项深受欢迎的少数民族体育运动。1982 年，靖西市绣球队代表广西壮族自治区参加全国少数民族体育运动会，他们的抛绣球被评为优秀节目，还被邀请到北京表演。1984 年，在广西壮族自治区第四届少数民族运动会上，抛绣球正式被列为少数民族体育运动的比赛项目，靖西市代表队获得团体和男、女个人三项冠军。各级民族传统体育运动会的举行，不但带动了群众性民族传统体育活动的开展，而且在发掘整理民间传统体育项目、规范运动规则、提高运动水平方面发挥了显著的功效。靖西积极组织并参与少数民族运动会，在保护和发扬了其少数民族的优秀历史文化和体育传统，给各民族提供了一个接触外界、展示自身的舞台的同时，为当地经济社会发展与和谐社会的构建提供了精神动力。

（三）民族传统体育进入学校

1. 学生对少数民族传统体育形成了基本认识

学校是民族传统体育的传承桥梁。将民族传统文化以课程模式纳入学校的体育课程体系，有助于少数民族传统体育文化得到更好的弘扬与传播，让中华民族文化继续发扬光大。近年来，靖西市成立了当地唯一的民族学校——靖西市民族中学。该校将以“发展边陲民族教育，提高壮乡儿女素养”为办学宗旨。除了穿民族服装，创民族品牌，走民族特色办学道路，把民族文化带进校园，把民族元素引进课堂，该校还配有专门的体育教师、场地设施、乡土教材和有专门的体育锻炼的时间，对民族传统体育的继承、保护和发展有一定的促进作用。为了解学生对少数民族传统体育的基本认识和基本情况，该校专门进行了调查，结果如表 6–2 所示。

表 6–2　学生对少数民族传统体育的基本认识和基本情况

学生对少数民族传统体育的基本认识和基本情况	是 /%	否 /%	排序
属于少数民族	80	20	6
所在学校是少数民族地区	84	16	4
所在地区举办过少数民族传统体育运动会	62.4	37.6	3
学校曾开展过少数民族传统体育活动	78.7	21.3	5
了解少数民族传统体育项目	59	41	2
学校有关于少数民族传统体育的书	67	33	1

从表 6–2 可以看出，所在学校是少数民族地区的学生占到 84%，属于少数民族学生的占到 80%，有 59% 的学生了解少数民族传统体育项目，78.7% 的学生所在的学校开展过少数民族传统体育活动，67% 的学生所在学校有关于少数民族传统体育的书。由此可见，受当地少数民族文化气息以及特殊背景的影响，少数民族地区的学生普遍对少数民族传统体育比较了解，并且比较喜欢；所在地区经常举办少数民族传统体育运动会；所在学校对少数民族传统体育较为重视，有一定的投入。

2. 学校教育是学生认识或接收少数民族传统体育的有效途径

学校开设了少许民族体育课程，并将其作为学校体育教学的重要内容，通过多种形式鼓励学生积极参与。例如，在学校开展课外体育活动、体育竞赛、校园体育文化节，让学生更多地了解和熟悉这些项目的功能、作用和锻炼方法。这种校园活动丰富了课程种类和师生课余生活，使民族体育文化得到了普及与推广，有助于增强学生的民族自豪感和使命感。学生认识或接收少数民族传统体育的方式如图 6–1 所示。

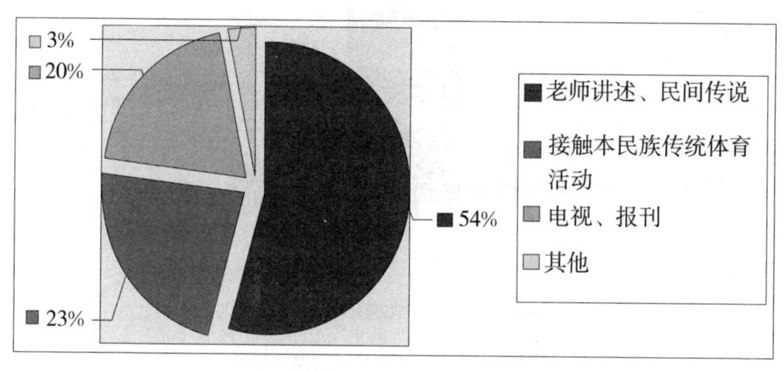

图 6–1　学生认识或接收少数民族传统体育的方式

学生通过所在学校开展的少数民族传统体育活动和学校中关于少数民族传统体育的书可以认识或接收少数民族传统体育。表 6–2 中的数据显示，有 80% 的学生属于少数民族，84% 的学生所在学校是少数民族地区，62.4% 的学生所在地区举办过地方的少数民族传统体育运动会，这说明少数民族传统体育在靖西市民族中学具有较为良好的发展基础，此外，通过图 6–1 可以看出，有 54% 的学生是通过老师讲述或者通过民间传说而了解民族传统体育的，有 23% 的学生是通过接触本民族的传统体育活动了解的，还有 20% 的学生通过电视、报刊等媒体了解少数民族传统体育，而通过其他方式了解少数民族传统体育的学生只有 3%。这说明少数民族传统体育在靖西市的学校中普及程度较高，学生基本上是通过学校教育和课堂教学中老师的讲述或者通过民间传说而了解民族传统体育的。

3. 靖西市抛绣球活动的传承形式

少数民族体育文化是特定历史条件下的产物，能反映出这些民族独特的文化变迁以及该地区人民的生产生活水平、民俗民风的状态。从靖西市调研结果得知，抛绣球、舞狮活动已成为当地影响最大的族际共享的民族体育文化活动，尤其是投绣球深受人们喜爱，现已有多种传承方式。

从图 6-2 可以看出，在靖西市抛绣球传承方面，社区传承是最主要的传承方式。65.9% 的受访者表示是在社区生活中学习这项运动的，19.5% 的受访者是在所在学校中学习抛绣球的，另有 14.6% 的受访者通过家庭习得的。这说明学校教育在抛绣球这项民族传统体育项目传承中的贡献，远未发挥应有的作用。

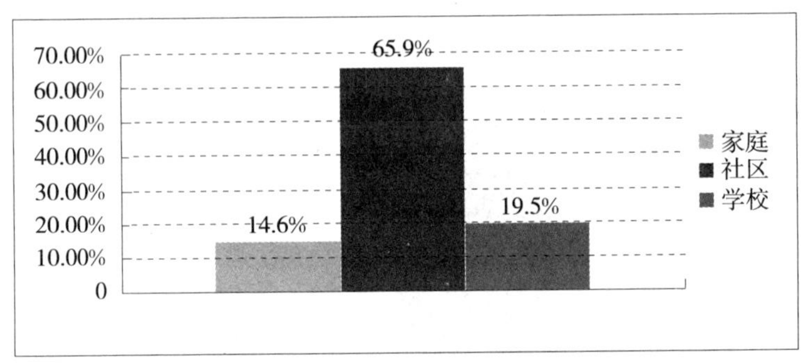

图 6-2 靖西市抛绣球的传承方式

4. 建立了首座壮族生态博物馆

随着抢救和保护民族民间文化遗产呼声的日益高涨，靖西市丰富的壮族传统文化引起了国家以及社会各界的重视与关注。2005 年 9 月，我国第一座壮族生态博物馆靖西旧州壮族生态博物馆落户靖西旧州。靖西旧州壮族生态博物馆是靖西壮族人民历史文化的缩影，展示着壮族民俗文化腹地的深厚文化积淀和无穷魅力。馆内展示中心以图、声、像等现代科技手段和采集于民间的实物展览相结合，表现当地壮族的历史渊源、民族服饰、生产用具、民俗节庆和传统工艺等经济、文化概貌。

广西壮学学会专家认为，靖西旧州壮族生态博物馆把壮族的人文地理、风俗习惯、民族特色原汁原味地保存下来，为国内外专家学者研究壮族文化提供了一个平台；同时对保护、弘扬和继承壮族文化，发掘先进的民间文化资源，弘扬中华民族精神，推动当地文化、经济和社会的发展，开拓文博事业的新领域有着重要的现实和历史意义。

5. 绣球成为当地民族经济增长的强力载体

靖西旧州是壮族群众聚居的地方，千百年来积淀了民族特色文化，而绣球就是其中的瑰宝，故旧州被誉为“绣球之乡”。绣球是壮族民间历史悠久的工艺品，采用传统手工刺绣技术，制作精巧，造型美观，色彩艳丽，内涵丰富，有着吉祥的寓意。绣球是古代壮族青年男女定情的信物，受众局限于情侣，具有个体的独特性，亦拒绝商品化。在当代社会中，绣球慢慢从传统风俗中独立出来，在制作技艺依然沿承传统的基础上，逐渐成为可供消费、赏玩的传统工艺品，成为体现壮族民间历史和民族民俗文化的艺术品。为了迎合消费者，使绣球受众扩大到社会全体成员，产业化已成为绣球制作技艺的必然发展趋势。

（1）壮族绣球的生产情况。绣球是壮族传统的民族手工艺品之一，具有深厚的历史文化底蕴与鲜明的壮民族文化特色，它反映了壮族族群的审美意识。

作为绣球集中生产的地方，旧州在 2008 年成为第三批国家级文化产业示范基地，是广西唯一的村级文化产业示范基地。靖西的绣球生产主要以旧州为中心，辐射附近的龙邦、壬庄、南坡、安宁等，加上周边的村寨，参与绣球生产的农民大约有 200 人，年龄在 10 ～ 18 岁，绝大多数是女性，每年平均生产绣球约 20 万个，年产值近 300 万元。

靖西的绣球生产模式大致有以下三种。一是“协会 + 能人 + 农户”模式。绣球能人因为技艺的超群和媒体的宣传在区内外有一定知名度，往往能够接到外地客商和本地单位的较大订单，再根据订货方在规格、数量、时间上的要求，分到刺绣协会会员或个人家里共同协作生产，最后由协会把关质量，统一交货。二是“企业 + 农户”模式。靖西市壮锦厂组织县城街道居民或附近的农民制作绣球，收购后贴牌销售。三是家庭作坊式的个体生产。当地农村妇女利用农闲时节进行生产制作，一般一个工作日大约可以制作 2 ～ 3 个小型绣球。上述三种生产模式中，参加生产的农民基本上都是利用闲暇时间制作绣球。

（2）壮族绣球的销售情况。靖西依托其得天独厚的旅游资源及政府的支持，经过 20 年来的发展，旧州绣球在国内外已享有盛名，并初步建立了自己的市场，不少产品更是跨洋过海，远销欧美、东南亚等地区。

①绣球的销售方式和主要途径有如下几种. 一是自产自销，旧州几乎家家户户门口都摆设了绣球专柜，其买主多是来靖西旅游的游客。二是政府部门、企事业单位定制庆典、装饰、收藏或者对外交流等大型活动所需的馈赠礼品。三是旅游公司或景点让刺绣协会或绣球能人成批定购。四是在举办节庆活动的地方、旅游公司和旅游景点的商店以及各个火车站、机场等场所零售。五是生产厂家、一些土特产公司以及个人经销商开设网上商店，进行销售。

②绣球的销售价格如下。目前，靖西绣球的销售价格还未经物价部门核准统一，

仍处于一种随意、灵活的状态，其定价主要与尺寸、用料、工艺复杂程度成正比，其中个别特殊要求的大型绣球的价格达 800 ~ 10 000 元，甚至更高，而制作者的名气、工艺水平也是影响绣球价格的主要因素一般绣球批发、零售价格如表 6–3 所示。

表 6–3 绣球批发、零售价格

规　格 / 厘米	零售价格 /（元 / 个）		批发价 /（元 / 个）
	市场价	农售价	
2 ~ 4	12	—	6
2.5	—	8	—
4	—	9	—
6	17	10	8.5
8	19	15	9.5
10	26	25	14
12	65	50	40
15	80	—	55
20	250	—	180
30	420	—	330

数据来源：2010 年度百色市靖西市旧州刺绣技术协会和村民。

从表 6–4 可以看出，近年来，旧州每年从事绣球制作的大致有 300 ~ 500 户，2006 年至 2009 年基本上都是 300 多户，而到了 2010 年以后，从事其生产制作的家庭越发增多，达到 500 户以上。该村从事绣球生产制作最多的人数是在 2008 年，达 1 100 人；其次是 2010 年，达 600 多人。从年产量来看，2008 年由过去的 15 万个左右增加到 30 万个；2010 年其年产量创新高，达到 40 万个；但此后年产量逐渐减少，到 2012 年又削减到了 30 万个。从年产值来看，2008 年是一个转折点，由过去的 150 万元左右增加到 300 多万元；到了 2010 年，又是一个分水岭，达 400 万元；2012 年年产值创最高，达 500 万元以上，从事绣球业的群众仅此项年户均收入达 3 000 ~ 5 000 元。目前，绣球产品知名度日益提高，市场需求量不断增大，产品远销欧美、东南亚等地区。从表中数据还可知，2008 年和 2010 年是该村绣球制作量大量增加的两个年份。主要是因为 2008 年迎接奥运会时，该村制作的绣球大部分送去北京参加奥运会展示，而 2010 年处于“十二五”规划的跨越期，政府深入推进兴边富民行动，高度重视民族优秀民间文化的发展，并积极引导当地群众充分利用其得天独厚的旅游资源，将绣球作为旅游工艺品推向市场，刺激了刺绣产业的形成与发展。于此，刺绣产业成为当地群众的致富产业。

表 6-4　2006—2012 年旧州刺绣产业发展情况表

年　份	制作者		年产量 / 万个	年销售量 / 万元	销售地
	户	人数 / 个			
2006	300 多	500 多	15 多	180	欧美、东南亚以及中国的香港、澳门、台湾
2007	300 多	600 多	16	200	东南亚各国、日本、英国、美国
2008	300 多	1100	30	300 多	欧美、东南亚各国
2009	300 多	500 多	21	328	美国、日本、加拿大、新加坡、澳大利亚、南非以及中国的台湾、香港、北京、桂林、贵州
2010	500 多	600 多	40	400	欧美、东南亚各国
2011	500 多	600 多	30 多	400 多	英国、美国以及中国的桂林、广东
2012	500 多	685	30 多	500 多	中国、英国、美国、日本

数据来源：百色市靖西市旧州刺绣技术协会和村民。

6. 旅游经济强劲发展

靖西市具有“民族性、区域性、国际性”的独特优势，境内自然、人文旅游资源分布广泛且丰富多样。近年来，靖西市把旅游业作为第三产业的龙头来抓。党和政府出台了一系列优惠政策，并提出了建设旅游大县的目标，倡导抓住创造首批广西特色旅游名县的新机遇，扎实深入实施旅游边贸连环工程，如现已开发了通灵大峡谷、旧州景区等在全区有影响力的景区，目前有 6 家国家 AAAA 级景区。1998 年以前，靖西旅游业几乎一片空白，现在却成为广西旅游业发展较快的地区之一。另外，还开辟了自然生态游、田园风光游、奇泉异水游、名胜古迹游、民族风情游、边关探秘游、边境跨国游等独具特色的旅游项目。当地还享有极具代表性的壮族“三月三”歌节、端午药市、牛魂节等民俗节日活动，抛绣球、抢花炮、斗陀螺等民间文体活动；春牛舞、鸿鹄舞等民俗表演；绣球、壮锦、披肩、绣花鞋、民族服装饰品等民族手工艺品，香糯、酸嘢、粽子等风味小吃和铁木砧板、白毫茶、田七等土特产品。这一系列优惠政策的支持和得天独厚的旅游资源直接推动了当地旅游强县建设跃上新台阶，促进了当地旅游经济的发展。

从表 6-5 可以看出，2006—2013 年靖西市总游客人数呈逐年递增趋势，而 2008 年比上年增长不明显，仅比上年增长了 3.36%。2006 年增长率最高，达 25.8%；2013 年次之。靖西享有得天独厚的旅游资源，受国内外游客的青睐，其国际、国内游客人数也基本上呈逐年递增趋势，尤其在 2013 年，全市国际、国内游客分别为 14.11 万人次和 215.9 万人次，达近年之最。与此同时，其旅游门票收入和旅游总收入逐年快速增长。靖西市旅游业呈现出快速增长势头，并逐步成为该市新的主导产业，有力带动了第三产业的快速发展，各年旅游总收入占第三产业比重较大，且占全市生产总值的比例稳步增加，旅游业在全市国民经济中的支柱产业地位逐渐显现。尤其在 2011 年以后，靖西市各项旅游经济指标比 2006 年翻了一番，这说明“十二五”期间，靖西市旅游业各项旅游经济指标与“十一五”对比有了突破性增长，旅游业呈现持续、稳定的增长态势。国内、国际旅游市场更加红火，出境旅游市场更加活跃，入境旅游市场发展态势喜人。旅游经济在全县经济中的分量不断加重，总收入占同期 GDP 和第三产业的比例不断上升，对经济和社会发展的贡献日益突显。

表 6-5　2006—2013 年全市旅游业发展状况统计表

年份 / 指标	指　标							
	2006	2007	2008	2009	2010	2011	2012	2013
总旅游者 / 万人次	80.33	100.23	103.6	120.1	133	152	185	230
比上年增长 / %	25.8	24.77	3.36	16.8	10.6	14.3	23.3	25
国际旅游者 / 万人次	8.5	9.84	8.3	9.2	10.75	12.06	12.22	14.11
国内旅游者 / 万人次	71.83	90.39	95.3	110.9	122.25	139.94	172.78	215.9
旅游门票收入 / 万元	1 062	1 806	1 850.2	2 860.4	3 000	3 096.7	3 162.2	3 930.9

续　表

年份 指标	指　标							
	2006	2007	2008	2009	2010	2011	2012	2013
比上年增长 / %	25.2	70.06	2.44	54.59	4.88	3.22	2.12	24.31
旅游总收入 / 亿元	1.82	2.3	3	3.3	3.67	4.3	8.69	11.28
比上年增长 / %	20.3	26.37	30.43	10	11.2	17.2	41.1	28
同期 GDP/ 亿元	21.64	27.18	41.44	53.77	71.81	76.81	78.28	79.15
总收入占 GDP 的比重 / %	8.41	8.46	7.24	6.14	5.11	5.73	12.68	13.24
总收入占第三产业的比重 / %	25.6	24.65	28.74	25.29	21.63	22.46	29.85	29.98

数据来源：百色市靖西市旅游局。

五、广西民族体育传承发展过程中存在的困难与不足

（一）政府政策支持力度不够，保护发展机制倾斜不明显

靖西市民族传统体育是一种公共性文化资源，政府理应是这一资源的保护主体和开发主体。目前，广西制定了《广西少数民族传统体育文化发展规划》，侧重从自治区层面对少数民族传统体育文化的保护与开发进行战略规划与部署，而各级地方县、市政府仍缺乏清晰的认识和明确的责任。各级政府没有因时因地制定地方性条例和具体保护方案，也没有颁发符合乡规民俗实际的文件，对保护与开发尚未形成整体的规划、布局，缺乏健全的保护发展机制。显然，目前靖西民族体育特色之乡的保护工作还未走上法制化轨道，当地民族体育文化的传承与发展总体上处于“无序、无法、无依、无靠”的状态。

（二）政府资金扶持力度不够，保护传承工作资金保障不充分

为了保护传承民族体育文化，广西壮族自治区安排经费 85 万元扶持 17 个民族体育特色之乡，每个特色之乡支持 5 万元。虽然政府给予了资助，但是相关问题仍

然不能得到解决，财政投入有限，实际开展工作所需的经费存在很大的缺口，专项保护资金难以落实到民族体育特色之乡。长期以来，当地受自然条件的制约和边境的影响，靖西的经济、社会、文化事业发展较为缓慢，民族体育文化活动开展经费短缺，当地自身财力难以保证民族体育文化的保护传承工作的正常开展。

（三）传承人缺口较大，处于断层边缘

少数民族传统体育在现代社会中要想得以延续与传承发展，必须依赖活态传承人。靖西市面临着民族传统体育后继乏人、传承人寥寥无几、技艺传承人青黄不接等问题。笔者调研发现，主要状况如下。

第一，老年。随着现代化进程的加快，年轻人都纷纷涌入大城市发展，有能力的都想走出农村进入繁华城市生活，留下老少在家，形成城乡两极格局。旧州街上的两个绣球技艺卓群的达人，“中华巧女”黄肖琴和“绣球王”的朱祖线（朱祖线在2009年已逝）都表示没找到满意的传人，这一门手艺能否继续传承下去已成隐忧。

第二，青年。随着经济社会的快速发展，受外来文化和商品经济的双重冲击，以及人们对传统的误解，青年群体普遍认为这些传统体育文化是过时的、陈旧的、封建的、落后的，且枯燥无味。许多技艺复杂，费时多，没有市场，在当地发展空间有限。民间传承人没有一个良好的生存环境，所以都不愿在家里从事这行当，而选择“背井离乡”，到大中城市经商、务工并且寻求发展机会。他们潜移默化地受到了外地文化的熏染，开始追求时尚娱乐，返乡后也是选择麻将、钓鱼等娱乐消遣，对本民族传统体育文化的关注日趋减少。

第三，家庭教育。现如今大多数孩子是独生子女，父母都对其期望值很高，让孩子从小就接受适应现代化社会发展的文化教育，希望其能够全面发展和健康成长，基本上摒弃了传统文化。

第四，学校教育。西方文化作为当今全球的强势文化，正冲击着少数民族传统体育文化。靖西各学校中基本上没有开展民族体育文化活动，更没有将其纳入体育课教学内容中，多开设篮球、足球、羽毛球、健身操等项目，以满足学生升学率的需求。上述状况造成了年轻一代传承人的断层，极大制约着靖西民族体育特色之乡的发展。

（四）文化传播手段呈现明显的单一化态势，信息宣传力度弱

靖西长期以来在经济、社会、文化事业方面发展较为缓慢，文化传播手段呈现明显的单一化态势，信息宣传力度弱，传播渠道狭窄。调查发现，靖西民族体育文化传承的重点只限在本族群和村寨，并多以运动会和节日庆典为主要传播途径。地

方政府“重申报、轻保护，重经济、轻文化”，对民族体育文化的宣传和舆论引导力度不够，这些严重阻碍了靖西民族体育特色之乡的传播力和影响力。

（五）文化内涵与时代性和国际性接轨较慢

靖西有蕴含深厚文化内涵的壮族文化和得天独厚的旅游资源，其中很具代表性的是壮族“三月三”歌节等民俗节日活动、抛绣球等民间文体活动、春牛舞等民俗表演、绣球等民族手工艺品、酸嘢等风味小吃和白毫茶等土特产品。这些“无烟工业”成为弘扬壮族文化、壮族民俗的载体，成为靖西对外文化交流的名片。

随着旅游业的不断发展，靖西民族特色文化产品逐渐向文化产业进军，在进入旅游工艺品市场之后，加剧了其物质层面的商品化倾向，而其“非物质性”日渐淡化。在旅游市场的竞争中，政府往往把这些民族特色文化作为谋取经济利益的文化资源，缺乏对民族传统体育文化内涵的深层次的认识，其文化内涵与时代性和国际性接轨较慢。这种重视经济价值、亵渎文化内涵的态度，直接破坏了民族特色文化的真实性和对人民群众的权威性，迫使出现物质层面的商品化与非物质性传承之间的断裂。

（六）靖西壮族文化资源缺乏竞争活力和品牌意识，现代化市场经济手段滞后

靖西壮族文化历史悠久，底蕴深厚，品种繁多，拥有“壮族节庆和民俗文化”“壮族歌舞文化”“壮族饮食文化”“壮族手工及工艺品”“丰富的土特产品”和“自然和人文旅游文化”等资源。但是，受诸多局限因素的影响，当地特色文化辐射区域窄，文化资源的开发利用程度低，文化资源转换能力不到位，市场运作机制欠完善，现代化市场经济手段滞后，品牌竞争意识淡薄，产业化结构单一，缺乏一条主线将这些文化资源有机联系起来，难以实现品牌效应和产业化。

六、广西民族体育传承发展中的对策

（一）加强政府的主导

1. 制定相关政策法规，建立健全保护发展机制

政府是法律法规的制定者和执行者。维护和改善民族体育特色之乡生存环境需要政府出台一系列符合当地实情的相关政策法规与制度和具体的保护方案与实施办法。同时，建立健全管理、监督和调控机构，如民族体育保护中心、研究中心和文化研究

所等，配备相关的工作人员，提供具体的人员编制和独立的办公场所，切实落实保护策略和传承措施。

2. 政府职能部门应加强重视，加大资金投入

长期以来，政府职能部门为发展民族体育事业做了卓有成效的工作，如安排经费 85 万元扶持 17 个民族体育特色之乡，每个支持 5 万元。虽说政府对当地民族体育保护工作有资金扶持，但工作所需的资金缺口太大，落实到各细节上的专项保护资金很有限，难解保护所需资金之“渴”。据此，政府还应该建立多渠道的资金投入机制，如通过组织各种赛事、节庆、旅游等活动吸引社会企业、私人融资资助。

（二）保护民族体育文化传承人，培养特色体育人才

最直接、最有效的文化传承是以人为载体的活态传承。民族地区的民间体育文化传承人是建设民族地区传统体育文化的支撑点，个别项目的失传往往是因为这个项目的传承人出现了断层，从观念上看，广西在一定程度上存在着“重项目，轻传人”的现象，有的重点项目的传承人申报还存在空白。据此，靖西市应该最大限度地发挥传承人的作用，采取有效措施对项目传承人进行系统、详细的统计、挖掘和保护，对确实有一技之长的民族体育文化传承人，特别是老艺人进行重点保护，培养中注意年龄结构的均衡性、传承项目的均衡性，加快建设一支业务素质好、会管理、年龄和专业结构合理的民族传统体育文化传承保护工作人才队伍，以保证靖西民族体育特色之乡的传承发展“后继有人”。

（三）将学校作为民族体育文化普及与推广的重要载体

学校是体育的摇篮，是普及、推广和传承民族体育文化的重要阵地和最理想的载体。目前，不少学校已开设有民族传统体育课程，但由于历史的原因和政府有关部门的政策导向等多种因素，开设的面还不够广。针对此状况，我们应该加大民族传统体育课程在学校中的开设力度，把其纳入教学体系中，根据年龄设计课堂形式，如小学年级以故事方式传承，中学阶段以游戏方式传承，大学阶段以选修课、选项课和普修课多层面的形式开设校本课程。通过开展各式的民族文体活动，激发学生的主动性和学习兴趣，提高学生的参与度和认知度，重点培养年轻一代。学校体育教学科研人员要把传承发展民族体育文化工作作为己任，建立长效研究机制，加强对民族体育资源的挖掘、整理、开发、研究和应用，举办研究成果交流会，并组织各种形式和不同层次的培训班，培养民族传统体育文化的组织策划人员，以促进民族体育文化的普及与发展。

（四）丰富少数民族传统体育文化传播途径，加大宣传力度

在信息化和大众传播媒体快速发展的今天，民族传统文化的渗透深度、辐射广度和发展轨迹往往取决于宣传。目前，广西仅靠定期运动会开展宣传还不够，还应该通过多形式、多渠道宣传。具体措施如下。

地方政府以官方形式进行宣传，从观念上更新人们对民族体育文化的认识，提高其对民族体育文化的认知度和参与度。

通过广播、电视、报刊、电台和互联网、宣传片、海报等宣传手段经常性地进行民族体育知识及其发展成就的报道。例如，在居民社区增设信息传播服务站；在国际互联网上设立专门网站；在体育专业类刊物、频道、专栏及网页上写专题文章；建立专门网站；可以制作相关的电视专题片；把表演制作成光盘推向市场。

利用各类会展活动。除组织博物馆的陈列展览、传承人的专题讲座外，还可以组织区内外或国内外的巡回表演活动。

深入开展宣传月活动，定期组织宣传队伍走进乡镇圩场，通过举办民族文体活动向民众介绍民族体育文化知识和功能价值等。同时，充分运用现代多种传播媒介，加大对民族体育文化的宣传力度，吸引人们的眼球，从而提升靖西民族体育特色之乡在海内外的影响力和辐射力。

（五）传统文化在旅游商品化中回归升华，并折射出其核心和灵魂

靖西拥有的壮族文化是靖西在历史发展中积淀下来的民族传统文化精髓，包含着重要的经济价值。近年来，当地利用村落和民俗活动等文化空间进行旅游开发，并将运用传统技艺、包含地方文化内涵的劳动产品商品化，使之成为旅游工艺品，以实现经济利益和社会效益。若以保护和传承当地民族传统文化为前提，此种思路未尝不可。文化是旅游的灵魂，旅游商品是文化的载体，旅游商品的文化特征愈鲜明，文化品格愈高，它的价值就愈高，就愈受旅游者的青睐。如果没有丰厚的文化作为底蕴，则难以体现旅游商品的个性和特色，也难以实现可持续发展。所以，靖西只有将壮族文化元素融入旅游商品中，并深层次地展现其民族文化内涵，使旅游商品同文化因素长效结合，才能提升旅游商品的文化特质和文化品格，提高旅游商品的质量和核心竞争力，形成品牌效应。

（六）挖掘利用人文资源，文化产业与旅游产业联动发展

努力挖掘开发文化旅游资源，在优化城市环境建设中融入壮族文化元素，提升

城市品位和旅游形象。根据市场需求和产业特点，把列入国家、自治区非物质文化遗产的壮锦、绣球等民间技艺打造成特色文化品牌，以端午药市、“三月三”歌节、壮族歌圩，以及春节、元宵节、中秋节等传统节日活动为载体，融入现代文化元素，开展摄影、抛绣球、抢花炮、山歌比赛、民俗展演、文艺汇演、壮戏、扮台阁、舞春牛、舞狮、舞龙等文体活动，使传统节庆与现代节庆有机融合，逐渐形成市场化运作模式，实现产业化。

利用当地“民族性、区域性和国际性”的独特优势，把保护开发民间民俗文化融入旅游行业，在景区、酒店表演民族歌舞；“三月三”歌节、端午药市等民俗节日活动与旅游推介活动结合起来；把边关、历史文化、文物古迹等融入旅游行业，把具有边关特色和爱国主义教育意义的龙邦口岸、岳圩口岸、十二道门古迹、南天国遗址等作为重要的旅游景点来打造；推广香糯、粽子、酸嘢等风味小吃作为旅游产品；把砧板、根雕工艺品、民族服装饰品、药材等具有境外文化色彩的产品开发成为边关旅游的重要商品。精心培育特色民族文化，努力打造民族风情旅游品牌，在市场化运行模式中将壮族文化元素融入旅游环境中，以文化精品带动旅游市场，推动文化产业与旅游产业联动发展。

（七）充分利用已有的国际交流平台，吸收新的生命养分，促进民族体育走向现代化

靖西市与越南高平省接壤，集“民族性、地域性、国际性”优势，其不仅具有独特的民族文化与民俗习惯，还有一定的异国风情。在经济全球化背景下，民族体育文化的发展遇到了新的挑战和机遇，其传承发展不能仅限于族际，而应实施“走出去、引进来”战略。随着中国—东盟体育交流合作的频繁和深入，靖西应该依托中国—东盟自由贸易区建设平台，立足民族体育，把握时代和民族的需求，将传统与现代融合，在继承“民族特色”的基础上注入“现代元素”，使民族体育文化吸收新的生命养分，精心打造一批少数民族体育文化对外交流精品。同时，在国内外吸纳战略投资者，全面开发民族体育资源的商业价值，打造不同特色的体育文化品牌，实现产业化，推进靖西民族体育文化以新的姿态面向现代化，走向国际化。

（八）靖西市民族体育文化传承发展的具体方案与措施

面对机遇，如何将特色鲜明的靖西民族体育文化打造成文化产业品牌，并推向全国，为民族文化传承、旅游产业和地方经济发展服务，成为当前靖西以及广西人

民思考最多、亟待解决的问题。在分析靖西市民族体育文化传承发展现状的基础上，提出以下具体方案与措施。

（1）加强对靖西市民族传统体育基地的建设，培养和建设一支业务素质好、会管理、年龄和专业结构合理的民族体育传承保护工作人才队伍。

（2）开展民族体育文化进校园活动，并将其纳入学校教育体系。

（3）利用报纸、杂志、广播、电视、互联网、新媒体等平台，借助百色体育节、重大体育赛事及各种节庆文体活动，促进靖西市民族体育文化的渗透、辐射和发展。

（4）依托历史、地缘和政府的政策导向优势，争取区内外民族体育项目在靖西举办，如公路自行车、汽车拉力赛等，推出一批少数民族体育品牌赛事，以此促进靖西体育产业的形成与发展。

（5）依托旅游资源优势，打民族牌，唱特色戏，实现“文化搭台、经济唱戏”，同时坚持经济“反哺”文化，走民族文化旅游联动和谐发展的路径。

（6）依托历史、地缘、文化和政府的政策导向优势，充分利用已有的国际交流平台，吸收新的生命养分，推进靖西市民族体育与时代接轨，促进民族体育走向现代化。

第二节　广西民俗体育旅游开发——宾阳炮龙节

一、广西民俗体育旅游资源的开发与保护分析

（一）广西民俗体育旅游资源的概述——以宾阳炮龙节为例

笔者查阅现有文献资料如《宾阳县志》后，收获微少。经过实地考察，通过逻辑分析，结合宾阳地区特定的社会背景和条件，笔者得出宾阳舞炮龙的起源和发展演变沿袭了壮族和汉族优秀传统文化的精髓。

1. 宾阳炮龙节的起源传说

农历正月十一是广西宾阳县一年一度的炮龙节，其主题形式就是舞炮龙。有关宾阳舞炮龙的来历，有以下几种较为流行的说法（表 6–6）。

表 6-6 宾阳舞炮龙的来历传说

第一种：狄青夜袭昆仑关说	据史料记载，宋仁宗皇祐五年（1053 年），奉朝廷旨意，将军狄青率领 31000 多名将士前去南方征伐侬智高领导的武装反叛势力。在正月十一这天，宾州（今广西宾阳）本地流行着一个热闹的"灯酒节"，狄青以此设下大计。为了迷惑敌军，狄青充分利用了中原地区士兵的编织技艺和舞龙技术，在白天与当地百姓吃酒庆祝，夜晚与百姓舞龙助兴，让整个城镇热闹非凡。接下来，狄青突然袭击敌军，一夜之间拿下昆仑关，大获全胜。狄青军队班师回朝后，舞龙活动被当地居民保留并传承下来，逐渐演变发展成现在舞炮龙的传统
第二种：乡情说	舞炮龙起源于宾阳地区最早的居民卢氏兄弟，距今已有近 300 多年的历史。清康熙三年（1664 年），广东水花门楼卢氏三兄弟为谋生迁居至宾州的芦圩镇，多年后卢氏移民为表达思乡之情，就把家乡的民俗活动——舞炮龙带到了宾阳。由此，宾阳舞炮龙活动就成为当地独具特色的传统民俗节日
第三种：风水说	在明朝万历年间，宾州州城宾州镇最早的居民基本上都是来自郁林州（今广西玉林）的经商之人。他们在此集结成圩做生意，发家致富，安居乐业。宾州镇经多年的发展成为广西四大圩镇之一。多名风水先生给宾州地区卜卦，都认为该地区是"四龙拜祖"之宝地。他们认为，宾州老圩集市是一处较平坦的高地，类似于社坛，向南方向的四条老街道犹如四条盘旋的蛟龙，四条龙头朝向社坛。社坛所在地即现在老圩菜市廊铺，也就是炮龙开光老庙所在地。在老庙开光舞炮龙也有"兴隆"此地之意
第四种：送灯说	来源于"送灯"风俗。所谓"送灯"，是庆祝男孩出生的活动。在过去的一年里，当地居民谁家男孩在新生儿中第一个出生，就在正月十一这天由这户人家牵头买酒买菜来吃"灯酒"，买祭品祭祀神庙神坛。在傍晚时候，全体居民在年长的族长带领下拜祭本族社坛后，敲锣打鼓、舞狮、舞龙、跳舞，燃放大量鞭炮并把扎好的花灯送至那户人家。最后把花灯挂在厅堂的横梁上，以示祝贺。宾阳县很多乡镇存在这种风俗。现在，许多人认为宾阳舞炮龙就来源于"送灯"活动。正月十一就叫灯酒节。炮龙节即衍生于此节，现在已经两节合一

研究认为，宾阳舞炮龙活动在历史的长河中孕育、形成、发展、成熟、改进，有着丰富的文化内涵，整合了本土文化与外来文化，不仅拥有独特的中华龙文化价值，还有民众祛灾祈福心理需求的精神价值。

2. 宾阳炮龙节的特征分析

（1）传承性。宾阳炮龙节中的舞炮龙活动，经过几百年的形成、发展和演变成为一项传统民俗技艺，具有浓郁的民族特色，历代相传延续至今。宾阳炮龙节与宾阳世代人民的生活环境、宗教信仰、民族文化特征息息相关，成为广西文化资源中的重要组成部分。传承性即活态流变性，舞炮龙技艺的延续是以人为本的，“传而有承”是其显著的特征，主要表现为口传身授，是不断运动着的活态存在。

（2）地域性。宾阳县位于广西壮族自治区中部偏南，已有两千多年的历史，古称宾州，是一个汉族、壮族文化共荣的聚居县。自北宋狄青剿侬智高至明末清初，中原先进文化和先进生产技术的传播促进了壮乡经济、文化的发展，经过长期的磨合与交融，当地的社会状态、民俗和居民基本稳定下来，形成了为舞炮龙技艺的繁衍提供养分的文化土壤。这里除了壮族，还生活着瑶、苗、毛南、侗、仫佬等其他少数民族，舞炮龙技艺不是单一民族独有，而是这块地域共有，极具地域性特征。

（3）文化融合性。舞炮龙活动就像一个文化意识聚合体，与现代的竞技、娱乐、休闲融为一体，吸收了许多现代优秀文化。在历史的长河中，有许多活动项目兼容着传说一起传承下来裹挟在民间竞技之中。在传承的过程中，一代代前辈充分发挥他们的聪明才智，不断加工改造，使之更具科学性、娱乐性、趣味性。

（4）发展性。舞炮龙技艺作为一种传统民俗文化，其发展性存在着主、客观上的因素。主观上，这项传统民俗文化的热爱者不断增多，政府的参与和重视在唤起人们文化意识觉醒的同时，积极地推动了民俗竞技的发展，促进了乡村文化产业繁荣和社会经济的发展。客观上，在社会变革的浪潮以及全球化趋势中，民俗传统文化的发展与变迁是历史发展的必然。

3. 宾阳炮龙节的文化寓意

（1）突出“龙”的灵性，彰显中华民族“龙”的文化内涵。宾阳炮龙节中舞炮龙是先祖在生产劳动和生活实践中，历史性地开创了舞龙文化的结果，继承了中华龙文化的精髓。舞炮龙时，开光仪式中的点睛其实就是一种“醒龙”文化；仪式结束后，神龙苏醒，龙头呈“Z”字状腾空起飞，虎虎生威，勇猛异常，龙嘴口喷神火，给人一种真龙下凡的心灵震撼。舞炮龙队员的分工与合作精细明了，他们勇往直前、炮息龙止，体现了中华民族团结合力、勇敢坚毅、敢于挑战自然、战胜自然、战胜一切的至高无上的精神内涵。当地居民都是从中原迁徙而来，为求生存与发展更需要一种奋发开拓、善于变革的精神，寻求神龙的庇护，大富大贵、吉祥如意。根据炮龙的制作工艺能探寻中华龙图腾的形象，其将各种不同图腾元素融为一体，多元共存。舞炮龙所蕴含的寓意突出了“龙”的灵性，并彰显出了中华民族“龙”文化的深刻内涵。

（2）具有美学特质，展现“炮龙”神韵与灵魂。舞炮龙是宾阳炮龙节的重要组成部分，历史悠久，源远流长，具有浓郁的民族特色。点睛仪式结束后，炮龙立刻进入了“狂化”状态，几十条甚至上百条炮龙按照事先安排好的路线起舞，迎着鞭炮翻、腾、穿、跃，巨龙昂劲有力，时而高昂起头，时而摇摆奔腾。一些舞龙队龙头的前面有一个拿着火把的引龙人，引龙人不时往龙头的前方天空中撒一把火药，火药立即燃烧，像向天空中喷射出的一团团火焰，犹如一道道烟花在天空中绽放，更加显出炮龙的气势蓬勃、盛气凌人、霸气十足，场景异常绚丽壮观。这完美地向世人展现了舞炮龙队员的人体美，舞炮龙的和谐美、韵味美、精神美、壮观美及其动作的风格美等，展现出“炮龙”的神韵和灵魂。

（3）突显地方特色和民族风情。舞炮龙是广西宾阳独特文化积淀的精髓，历史悠久，其独具一格的少数民族风情以及散发出的清新的乡土气息为地方营造了开放、宽容、创新的节日文化氛围。凡龙所到之处，各家各户都列炮准备夹道而迎，只见那一条条披着金色龙袍的巨龙，时而高昂起巨头向天空喷射出一团团吉祥的火焰，增添浓烈的喜庆气氛，时而翻、腾、穿、跃，和光彩夺目的金珠相戏相乐，鞭炮齐鸣，焰火缤纷，万头攒动，鼓乐助兴，热闹非凡。舞龙一定要按既定路线进行，直到舞完所有的街道为止。龙与火的结合是当地约定俗成的习惯，炮龙每到一家都必须待鞭炮响停后方可向前舞去。有的住户放了几千头爆竹，有的家庭富裕放数十万头，哪户燃放的鞭炮越多，炮龙停留的时间就越长，也就越能体现出巨龙喷火焰给人带来的视觉震撼。舞炮龙既烘托了人们喜迎节庆的欢乐气氛，又突显出浓郁的地方特色和民族风情。

（4）吉祥如意的象征，蕴含人们对美好生活的向往。“龙文化”是宾阳的一种传统文化和精神信仰，已在人们的心中根深蒂固。舞炮龙活动在每年农历正月十一举行，巨龙口喷火焰，远远地看去就像神龙显灵，显化于人间，展现出一片祥瑞的景象。在历史的变迁和时代的发展、演变过程中，舞炮龙所具有的求子、求财，求福、求乐、求平安的“五求”含义更加强化了龙的“神”“旺”“灵”和吉祥如意的色彩。由于中国传统灯俗的繁盛蕴含添丁求子的意义，所以要龙灯添子增孙的吉祥意义更甚。谁在舞炮龙运动中先抢到龙珠，就预示着他来年会兴旺发达，并创造更多的财富。这突显出人们对美好生活的追求和向往。

（二）宾阳炮龙节民俗体育旅游资源开发的SWOT分析

运用SWOT分析法对宾阳炮龙节民俗体育旅游资源进行潜在分析，得出宾阳炮龙节民俗旅游开发的内外环境的内部优势、内部劣势、外部机遇和外部威胁。

1．优势分析

（1）文化底蕴优势。非物质文化遗产是中华民族传统文化的重要载体，是无形的精神财富，展现着人类非凡的创造力。在漫长的岁月里，在极其艰苦的环境中，广西宾阳人民用勤劳与智慧共同孕育了多姿多彩的传统手工技艺、传统习俗和民族风情，构造了丰富厚重的民族民俗文化，传承了独具特色的非物质文化遗产。宾阳古为百越之地，以“百年商埠”闻名于桂中南，自古以来就是政治、经济、文化的枢纽，有着博大精深的传统文化、独具本地色彩、风情浓郁的民俗活动。其民间文化覆盖民俗体育、歌舞、戏剧、手工艺、特产、小吃、民俗旅游景点等，内容丰富，形式多样，是宾阳文化发展的重要支柱，如表6–7所示。宾阳三皇庙又称“炮龙老庙”，坐落在宾阳县宾州镇中和街，至今已有400多年历史。每年农历正月十一晚，宾州城南老城区的七八条街道的炮龙均会汇集该庙进行“开光”。炮龙老庙已成为宾阳炮龙文化象征建筑和地标建筑。宾阳炮龙老庙见证了舞炮龙这项有着悠久历史文化渊源的民俗体育活动的兴衰，是炮龙节活动残存着的“活”的历史。可以看出，宾阳深厚的传统文化底蕴是宾阳炮龙节民俗体育旅游资源开发的一大优势。

表6–7　宾阳民间文化分类及内容

类　别	内　容
民俗体育	舞炮龙、舞狮、抢花炮、游彩架、武术
歌舞、戏剧	师公戏、仙马彩凤舞、采茶戏、鹰歌饮酒舞
手工艺	刺绣、陶瓷、花灯、壮锦、剪纸
特产、小吃	莲藕、粉丝、狗脚、酸粉
民俗旅游景点	蔡家大院、南街、金坑峡漂流、武陵四牌楼

（2）品牌效应优势。旅游资源的品牌效益与知名度是地方旅游经济发展的风向标。资源优势是基础，实现资源的优化、建设品牌才是最终的目的。炮龙节作为民俗体育旅游资源、民俗文化旅游产业的一部分，打造独具一格的“宾阳炮龙节”主题品牌，对宾阳炮龙文化产业的发展有着至关重要的作用。从1993年开始，广西宾阳县政府就充分重视炮龙节文化资源的挖掘整理与利用开发，着力把炮龙节民俗体育文化资源的优势转移到文化旅游产业上来，最终实现宾阳炮龙节的品牌化。2006

年，宾阳县首次将炮龙节定为传统民俗节日。2007 年，广西宾阳县举办了百龙舞宾州炮龙节民俗活动，宣传了广西宾阳深厚的历史文化底蕴、独特的民俗风情，打响了“炮龙节文化”主题品牌。同年，宾阳炮龙节入选广西壮族自治区第一批非物质文化遗产名录。2008 年，广西宾阳炮龙节民俗活动入选第二批国家级非物质文化遗产名录。每年正月十一，宾阳都举办盛大的炮龙节活动，宾阳人民与海内外游客都会参与其中，放炮、炸龙、钻“龙肚”、扯龙须、取“龙珠”，有喜迎节庆，祈求吉祥兴旺、风调雨顺、五谷丰登之寓意。宾阳炮龙节的品牌优势已奠定了其在国内外民俗旅游发展的根基。

2. 劣势分析

（1）城镇化滞后，基础设施不够完善。城镇化为旅游产业发展提供了强有力的支持。作为旅游活动的场所，现代化的城镇、完善的基础设施可以为旅客提供良好的“衣、食、住、行、游、娱”的活动空间。因此，城镇化水平较低、基础设施不够完善成为宾阳炮龙节民俗旅游产业发展的瓶颈。首先，宾阳县城的街道较多而狭小。炮龙节之时，国内外游客较多，狭小的街道空间不利于交通疏导，容易造成拥堵、踩踏。其次，接待服务落后。炮龙节期间，国内外游客、本地居民都会参与其中，且人数在逐年递增。宾阳县城的接待服务能力有限，住宿、餐饮、停车等方面均存在不足。例如，游客无房可住，不能逗留体验宾阳的民俗风情与风味小吃；游客车辆乱停，造成本就狭小的街道更加拥堵；游客的旅游满意度降低，很多游客不能亲身体验到炮龙节的愉悦。再次，交通工具、公共厕所、路标等基础设施不够完善，交通工具基本上是三轮摩托，到处乱摆乱停，混乱且无序，无法满足旅游者的需求。公共厕所数量不足，且卫生条件很差。另外，宾阳炮龙老庙每年各条街的炮龙都会到这里“开光”，吸引成千山上万的民众前来观看，各路媒体也到此抢拍炮龙“开光”的盛况。狭小的老庙难以容纳庞大的开光队伍和众多记者、游人。城镇化滞后、基础设施不完善已成为宾阳炮龙文化产业发展存在的主要问题。

（2）资源浪费严重。近年来，宾阳炮龙节活动在政府有关部门积极引导和大力宣传下，运作方式和举办规模逐年得到提升，宾阳炮龙节得到了社会的广泛关注，吸引了大量国内外游客。但是，宾阳炮龙节正面影响的背后存在着严重的资源浪费问题。炮龙节最重要的主题就是舞炮龙，在舞龙的同时加上爆竹助兴，让整个活动场面激情、火爆。但每年宾阳舞炮龙燃放的爆竹无法估计数量，造成的浪费也无法计算。舞炮龙最重要的仪式就是给炮龙“开光”。为了亲眼看见炮龙开光盛况，人群涌入老庙，造成道路拥堵，秩序混乱，政府相关部门出动大量警力维持秩序，造成人力资源的浪费，产生巨额的安保费用，给地方财政带来压力。炮龙节的活动包括百家宴，每条街道或不同的家族会聚集在一起，共吃“炮龙饭”，或到美食街品尝美食，随之产生大量剩菜剩饭，无形中造成食物的严重浪费。炮龙节是传统的民俗活动，也是中华传统文化的一部分，但其造成的资源严重浪费与中华民族传统美德不相符，在传承舞炮龙文化内涵与精神的同时，产生的负面效应也值得我们思考。

3. 机遇分析

（1）政策支持。政府职能部门的政策对炮龙旅游文化产业发展起到主导作用。广西壮族自治区政府相关部门非常重视民俗旅游资源的开发，统一规划，制定了有利于炮龙节发展的优惠政策，优化了投资环境，积极鼓励招商引资，充分调动各方面力量办好炮龙节。根据中央有关节俭、从简办会办节的指示，2014 年的炮龙节由民间团体宾阳炮龙协会、宾阳县商会联合主办，活动内容与形式充分展现了宾阳传统文化的精髓，让炮龙节回归本土性、草根性。另外，自治区政府深入调查研究，制定了符合宾阳炮龙节长远发展的规划措施，对炮龙节文化产业的发展模式进行改良，积极将宾阳炮龙节推向中国—东盟文化产业交流的平台。

（2）信息化、产业化发展道路。信息化、产业化发展道路是现代文明进步的标志，是旅游行业发展的方向与指南。信息化是时代的标签，是旅游业发展的方向。游客对旅游目的地或旅游产品的初次印象往往是信息化带来的，如新闻媒体、广告宣传、图片杂志、旅游指南等。为了促进宾阳炮龙节民俗旅游资源的开发与利用，宾阳县政府积极出台方案，制定了一系列行之有效的措施（表 6–8）。宾阳炮龙节充分借助信息化契机，通过传播媒体很好地宣传了自己。产业化是旅游资源开发的正确选择，宾阳炮龙节的发展始终与产业化道路相交融，已经初步形成了以“炮龙节”为主题品牌的特色旅游路线，逐步走向了“文化搭台，旅游唱戏”的产业化格局。

表 6–8　宾阳炮龙节民俗旅游资源的开发与利用的措施

时　间	措施（内容）
2003 年	通过广西电视台对宾阳非物质文化遗产的保护进行宣传，特别是“炮龙节”民俗活动
2005 年	将宾阳炮龙节推向中央电视台，让外界认识和了解宾阳，让观众欣赏炮龙节盛况
2006 年	炮龙节舞炮龙活动被中央电视台誉为“世界独有”“中华一绝”

续　表

2007 年	宾阳县举办百龙舞宾州炮龙节民俗活动
2007 年	宾阳炮龙节列入广西壮族自治区第一批非物质文化遗产名录
2008 年	申报成为国家非物质文化遗产

4. 威胁分析

（1）生态环境遭到破坏，存在安全隐患。宾阳炮龙节素有“中国式狂欢”之称，舞炮龙给游客带来狂欢的同时有了“中国式污染”的恶名。炮龙节舞炮龙是人与龙的结合，是爆竹与舞龙的结合，人、龙、爆竹缺一不可。炮龙节当晚，从舞炮龙开始，鞭炮就会不停地燃放直至次日凌晨结束，燃放大量爆竹产生的有害气体造成了大气环境的重度污染。近年来，雾霾问题成为人们关注的话题，有人认为宾阳炮龙节是雾霾的制造者之一。可见，宾阳炮龙节对环境方面造成了一定的负面影响。而且，长时间的鞭炮声震耳欲聋，带来了严重的噪声污染，并对人的听觉产生严重危害，也会损伤人的神经系统、心血管系统等。每年炮龙节舞炮龙都会进行“开光”仪式，为了看到炮龙“开光”盛况，人群大量涌入狭小的老庙，可谓人山人海，将老庙出口道路堵得水泄不通，可能会造成踩踏事件。很多当地居民与外来游客也会燃放爆竹，买来的鞭炮随意堆放，极易引发火灾。

（2）民俗体育发展现状不容乐观。随着时代的变迁和社会环境的改变，民俗体育生存与延续的空间受到严重压缩，民间团体、群众自发组织的民俗体育节庆活动大幅度萎缩。随着人们生活方式与价值观念的转变，过分追逐民俗体育带来的片面经济利益，逐渐淡化了民俗体育中本质、纯真的东西，使传统文化走上了庸俗文化的路子。另外，信息时代带来了外来文化与本土文化的交融、冲突，商业化的开发与利用导致了民俗体育丧失了文化内涵与价值。

（3）旅游节庆活动竞争加剧。民俗旅游能给地方经济带来收益，是地区经济发展的新方向。在这个竞争日益激烈和经济全球化的时代，拥有民俗资源优势的地区都在丰富自身的民俗旅游资源，着力打造属于自己的民俗体育文化品牌，如知名度较高并已形成规模的内蒙古那达慕大会、山东潍坊风筝节、重庆铜梁龙舞旅游节等；在广西区域内的有广西武鸣“三月三”歌圩、广西南丹白裤瑶民俗文化旅游节、广西东兴京族哈节等。特别是一些新兴的民俗旅游节庆活动的增多，为旅游节庆活动市场注入了新鲜血液，使旅游市场的竞争日益加剧，给宾阳炮龙节的发展敲响了警钟。

（三）宾阳炮龙节民俗体育旅游资源的开发现状

2006年，宾阳县政府首次将炮龙节定为传统节日。2007年，举办第一届“百龙舞宾州”的炮龙节活动。前来宾阳参与炮龙节的游客从2007年的20万人次增加到2013年的57.5万人次，旅游收入也由2007年的3 000万元增加到2013年的1.45亿元。宾阳炮龙节带动了宾阳旅游和服务行业的发展，使炮龙文化走向“文旅结合，体贸联姻”的发展之路，成为促进宾阳经济发展的一大助力因素。从宾阳炮龙节民俗体育旅游资源的挖掘整理，到打造独立自主的民俗文化品牌，炮龙节这一民俗体育非物质文化遗产得到了最大程度的开发，取得了辉煌的成绩，但也存在着很多不足之处。

1. 活动内容形式单一

资源是旅游业发展的基础，旅游业发展的成效取决于开发资源的质量。当前，宾阳炮龙节民俗旅游资源在开发过程中活动内容形式单一，打造的产品档次已无法满足人们日益增长的需求，这已成为制约宾阳炮龙节发展的关键所在。作为开发时间比较短、尚未完全成熟的民俗体育旅游资源，宾阳炮龙节推出的仅是一些参与性与观赏性较强的活动，在一定时期内能够吸引大量游客前来旅游、观光。可是，随着时间的推移，游客就会对炮龙节产生一种“审美疲劳”。炮龙节内容和形式的重复、单一会让游客产生宾阳炮龙节年年都是游彩架、百家宴、舞炮龙等活动的印象，很难让游客有耳目一新的感觉。所以，宾阳炮龙节的内容有待丰富，形式有待多样化，应在保持原有文化精髓的基础上，增加新元素、新活动，继续提升宾阳炮龙节的吸引力和产品档次。

2. 产业化市场意识不强

产业化是宾阳炮龙节发展的外部环境和条件。产业化市场意识是走向产业化道路的正确思维。宾阳当地居民的产业化市场意识不强。炮龙节举办期间，为了追逐一时的经济利益而忽视炮龙文化价值，对炮龙文化产业的长远发展起到了阻碍作用。众多国内外游客到来后，餐饮、住宿供不应求，商贩为了追求利润，哄抬物价，给游客留下不好的印象，影响了宾阳的形象，不利于炮龙文化产业的可持续发展。前来观光旅游群体的需求得不到满足，吸引不了越来越多国内游客的到来，降低了经济消费人群和后续的游客量，必然会造成地方旅游空间的缩小。经济发展的缓慢必会导致招商引资的困难，挫伤了地方政府为发展旅游经济对民族文化资源、人文地理资源与民族传统体育资源进行有效经济结构战略性调整的积极性，限制了炮龙文化衍生的原生产品和次生产品的生存空间，不利于炮龙文化产业的发展壮大。社会经济效益大打折扣，不利于宾阳经济文化一体化体系的建设。以上因素降低了宾阳旅游市场的竞争力，成为阻碍其经济发展的绊脚石。因此，产业化市场意识的薄弱将影响宾阳炮龙文化产业的发展。

3. 专业人才的缺乏，传承人出现老龄化

民俗是人民群众在日常的生产生活中通过口头和行为方式传承文化的一种模式。可以说，传承与保护民俗体育文化的重要环节就是保护传承人、培养专业的后备人才力量，人才的缺乏将会导致文化的最终灭绝。随着现代化社会进程的快速推进，像宾阳炮龙节这样的民俗活动面临着传承人匮乏的困境，主要原因有以下几个方面。首先，我国改革开放以来，人们为了追求高质量的生活，一般会外出打工。很多年轻人经历城市的繁华后，价值观和人生观发生了改变，对家乡的本土文化没有正确对待和认同，甚至慢慢排斥。加之民间民俗传承人没有良好的生存环境，导致年青一代传承人缺乏。虽然社会前进、思想进步是现代文明发展不可阻挡的趋势，不过我们应从不同的角度看待文化，对文化进行反思和审视。像宾阳舞炮龙这样的非物质文化遗产，一旦失传，没有挽回的余地。其次，舞炮龙中的扎龙、抛火药、敲锣鼓等技艺已陷入了无人继承的境地。舞炮龙中的技艺主要是通过家族传承和师徒传承的方式延续的。家族传承中技艺性越高的技艺越不外传，只传家族人员。舞炮龙的技艺主要掌握在宾阳芦圩镇伍氏、卢氏两大家族中，以口传心授和行为传承为主。由于技艺都是祖传的，他们在技艺上都相当保密，具有“传男不传女”“传内不传外”等特点。这种情况在一定程度上阻碍着舞炮龙技艺的交流和传播。而师徒传承对于一般的弟子，只传授简单的基础性方法，而精髓的部分则有所保留。舞炮龙技艺的整个传承方式较为单一，传承体系容易分化，易导致传承制度缺失和传承方缺乏，是舞炮龙技艺在传承与发展的过程中较为明显的弊端。传承人趋于高龄化，大都介于 60 岁和 80 岁之间。随着时代的变迁，有些掌握这项技艺的艺人相继去世或因年事已高而退出了舞台。所以，舞炮龙技艺想要持续传承下去，必须要考虑如何解决专业人才的缺乏、传承人的老龄化等问题。

4. 相关政策、标准滞后，法律法规缺乏

政策是任何行业发展都不可或缺的后备力量，科学合理的标准是行业发展的行为规范。良好的政策可以为行业发展提供可靠有效的法律依据，保障其能够得到充分的重视与支持；科学合理的标准可以为行业的发展提供重要的参考与借鉴。目前，广西壮族自治区政府有关部门为旅游业的健康可持续发展制定了相关的政策与标准，但是有关宾阳炮龙节民俗体育旅游开发与保护方面的政策与标准尚不明确，这可能与宾阳炮龙节民俗体育旅游资源开发比较晚有关。法律法规是社会秩序运行良好的保障。炮龙文化的保护与传承需要法律法规提供坚实的后盾力量，炮龙文化产业的发展需要法律法规提供制度化的保障。当前，炮龙文化的保护与传承方面的法律法规尚未出台，这对炮龙文化的保护与传承造成很大的影响。因此，相关法律法规的缺失造成了炮龙文化的保护与传承无法可依，阻碍了炮龙文化的可持续发展。

5. 科研研究工作不够深入，人们的传统文化保护意识淡薄

文化内涵是民俗文化旅游吸引力的重要体现，也是民俗文化旅游的核心。宾阳炮龙节民俗体育旅游资源的开发对炮龙文化的传承、文化内涵的保护都十分重要。对于宾阳炮龙节文化进行的科学研究还是不够深入，只局限于基础理论研究，没有很好地借助专业的科研机构与专家学者进行深入细致的研究，造成了人们无法真正认识炮龙文化的内涵与精髓，导致了对传统文化的保护意识淡薄。宾阳炮龙老庙是一项文化工程、一项旅游工程、一项民心工程，得到了社会各界的大力支持，其中包括宾阳县内外有爱心、有实力的企业捐助的170余万元善款。修缮的炮龙老庙追求现代化的文化气氛，舍去了历史文化价值很高的石碑、雕刻、牌匾等，失去了最初的文化内涵与底蕴。因此，历史价值较高的古迹的修建或修复过程要在专家学者的指导下，以还原历史古迹的原貌为主线。

宾阳炮龙节在开发与保护过程中除了存在以上问题与不足，还存在经费投入不足，组织松散，没有形成统一的职能管理机构，过分追逐片面的经济效益而忽视文化的本质与价值等问题。

二、运用“前台、帷幕、后台”模式对广西民俗体育旅游资源进行保护性开发

（一）“前台、帷幕、后台”保护性开发模式的引入

随着全球一体化进程的快速推进，传统文化面临着被边缘化的危险，原生态文化的保护与传承以及民俗旅游业的发展成为社会关注的热点。广西民俗体育旅游资源丰富是优势，也是劣势。如果在旅游开发中无法保存民俗传统文化的本真性、原生态性，体育旅游资源就会失去赖以生存与发展的空间。因此，广西民俗体育旅游资源的开发必须改变发展模式，寻求适合本地区旅游资源开发的战略，找到民俗体

育文化旅游资源开发与可持续发展的契合点，实现民俗体育旅游资源的健康有序发展。

“前台、帷幕、后台”理论源于美国社会学家戈夫曼的“拟剧论”，后被美国社会人类学家马康纳大胆尝试，成功地延伸到旅游业的发展研究及旅游与现代社会的关系研究中。加拿大社会学家戈夫曼把社会组织结构看作一个可以表演的大舞台，根据舞台表演的不同角色、不同区域进行了“前台”与“后台”理论的说明，“前台”是指演员饿宾主或服务人员与顾客接触交往的地方，“后台”则是演员在表演空隙休息并准备节目的地方。后台是一个管理严格、封闭性强、限制进出的空间，除演员、宾主、服务人员以外，只有有一定身份、地位的人才准进入“后台”，它是不向外界展现的封闭空间。

在我国旅游业迅猛发展的今天，传统民俗体育文化的内涵与精髓被潜移默化地移植到了现代化的大舞台上。“前台”空间向外界呈现的“商业化”的演出与展示，使很多原本濒临消亡的传统民俗体育文化看到了生存的希望。但同时，过度商业化导致传统民俗体育文化始终笼罩在利益链的牵引下，使传统民俗体育文化完全受商业化的开发驱使。这种违背传统民俗体育文化发展的商业开发是不可取的。相反，只有延续民俗体育精神，保护好传统文化的内涵与精髓，“前台”形式的商业化开发才是可取的。“帷幕”为商业化的前台开发和后台的传承与保护提供了可以缓冲且能够过渡的空间，在一定程度上保存着传统体育文化的完整性、原生态性。后台的出现主要起到保护传统文化生存的原生态环境的作用，向游客展示民俗体育传统文化的母体环境。

本书是将广西地区的民俗体育文化节庆作为旅游资源进行开发，将民俗体育、民俗风情的商业演出作为“前台”，是广西壮族自治区民俗体育文化的舞台化区域与地方旅游经济发展的主要模式；极具特色的文化博物馆、遗址是广西壮族自治区民俗体育文化的“帷幕”，禁止一切的商业性开发；民俗风情旅游与民俗乡村游作为“后台”，是广西壮族自治区民俗旅游文化的保护基地，是游客身临其境体验民俗、民风的区域，游客在这里会感受到原生态的民俗体育。

（二）“前台”保护性开发模式

前台区域是广西民俗体育旅游资源进行商品化开发、舞台化表演的重要场所，是向游客充分展示传统民俗体育文化的活动空间。民俗体育属于一种有着集体性、传承性、生活性的体育文化活动，长期与民众的日常生活习俗相互融合，是民俗节庆不可或缺的内容。一方面，民俗节庆为民俗文化提供了向外界展示的舞台，其独具特色的活动内容、丰富多样的形式、广阔的群众基础、很强的观赏性与参与性，对游客产生了巨大的吸引力；另一方面，民俗旅游反哺民俗节庆，对民俗节庆产生积极的影响，促进了传统民俗节庆的发展，推动了新兴民俗节庆的萌发。根据民俗节庆的特点可以看出，民俗节庆与旅游有着千丝万缕的联系，两者相互促进、相辅相成、共同发展。传统民俗节庆和增添现代元素的新兴民俗节庆都会把有着深厚历史底蕴、丰富多彩内容的民俗体育作为主题。不同地域、不同民族有各自独特的民俗节庆活动，在活动内容与形式上存在着差异，如广西宾阳炮龙节、武鸣的“三月三”歌圩、河池南丹白裤瑶民俗文化旅游节等。不同民族的不同地区对民俗体育文化的理解是有区别的，正所谓“十里不同风，百里不同俗”。民俗节庆活动将民俗体育项目作为内容进行旅游产品开发，可以让游客充分认识、了解并保存完整的民俗体育文化。民俗节庆作为旅游产品开发的重要构成部分，可以有效地宣传旅游地，提高旅游地的知名度和美誉度，打造自身品牌，延展旅游市场的生存空间，带动当地经济文化持续健康发展。

民俗节庆活动是民俗体育旅游资源开发的前台区域。民俗节庆是传统民俗文化“活”的载体，为民俗体育文化的传播与展示提供了舞台空间，通过对传统民俗节庆进行旅游开发，加以舞台化演绎、商品化包装、市场化运作，可以吸引更多游客的目光。受到历史、地理环境等因素的影响，广西很多地区的民俗节庆活动遭遇了短暂停办或取消。重新拾起那逝去的民俗文化，恢复民俗节庆往日的生机与活力已迫在眉睫。随着旅游市场的蓬勃发展，传统文化的商业化趋势日益严重，如果不能很好地处理传统文化与商品化开发的关系，被商品化的传统文化将失去原有的“本真性”。民俗节庆与旅游的结合是一种开发模式，也是一种社会文化现象，一方面丰富了旅游资源，提升了旅游产品的特色；另一方面可以使民俗节庆、民俗体育文化得以传播与传承，使民俗传统体育文化具有新的生机与活力。

随着现代社会的不断前进，人们的价值观、人生观和审美观都发生了改变。这时西方文化的渗透，如“圣诞节”“情人节”等，正好迎合了人们的心理需求。人们渐渐对本土民俗节庆文化失去正确的对待和认同，逐渐失去兴趣。2011 年是我国“中华文化游”主题旅游年，广西各地区充分利用资源优势，举办了具有浓郁民族色彩与地方特色的民俗节庆旅游活动。民俗体育活动作为民族文化的外在表现形式，大放异彩。

对民俗体育文化进行商品化开发，是传统文化与现代文明相互包容、相互融合的结果，为传统文化注入了新的血液与生机。民俗体育文化的舞台化展示满足了游客的消费心理，为传统民俗文化与现代文明的发展找到了契合点。

广西地区的民俗体育节庆活动的开发模式是因地制宜地整理、挖掘、开发那些观赏性与参与性较高的民俗体育旅游资源，注重旅游产品的市场化，选择那些具有代表性的民俗节庆活动，寻求正确的表现形式。前台的商业化开发是传统文化节庆生存、发展的新道路，是促进民俗文化传承、发展与保护必不可少的手段。另外，民俗体育旅游资源的开发对广西少数民族地区的旅游经济发展有着举足轻重的作用。

（三）“帷幕”保护性开发模式

“帷幕”区域为商业化的前台开发和后台的传承与保护提供了可以缓冲且能够过渡的空间，在一定程度上保存着传统体育文化的原生态性。广西地区旅游资源丰富多样，但居民的产业化市场意识不强，基础资源的保护意识薄弱。民俗体育旅游资源的开发对民俗体育的传承与保护有着重要的推动作用，如果不能很好地进行开发，可能导致文化资源的浪费、破坏，也可能引起文化的变迁或消亡。“帷幕”空间的出现是为了控制广西民俗体育旅游资源的开发完全被商业化、市场化所覆盖，为广西民俗体育旅游资源的“本真性”与“原生性”环境设置了可以保护的空间。目前，从广西民俗体育旅游资源开发的层次与民俗传统文化赖以生存的生态环境等因素考虑，可以将具有特色的文化博物馆、遗址等作为广西民俗体育旅游资源进行保护性开发的“帷幕”区域。

文化博物馆源于西方国家。西方国家政治、经济、文化发展较快，人们生活水平较高，产生了对文化与生态环境的保护想法，进而对博物馆这类宣传与传播历史文化的场所进行了深入调查、规范管理、合理规划，就出现了关于文化、生态等保护的博物馆，即文化博物馆或生态博物馆等。20 世纪末，我国旅游业迅猛发展，在“可持续发展”与“生态”理念的指导下，产生了以“文化博物馆或生态博物馆”为主的民俗体育旅游资源开发模式，以保护民俗体育文化生存的空间，传承文化的精髓，带动地方经济的发展。

广西少数民族地区一直致力民族文化的建设与保护，开启了广西民族生态博物馆“1+10”工程的建设，先后在广西境内 10 余个地区建成 10 个博物馆，如金秀坳瑶生态博物馆、靖西旧州壮族博物馆、南丹里湖白裤瑶博物馆、三江侗族博物馆等。这些博物馆主要展示民族历史文化、民族艺术、民风民俗、民族生态等方面的内容，让游客可以真实了解与认识广西各地区的民俗风情与异域风光。

金秀坳瑶生态博物馆位于金秀县六巷乡下古陈村，这里是瑶族支系坳瑶的发源地。由于下古陈村交通闭塞，与外界没有交流，原生态环境、生产生活方式、民族文化保存与延伸比较完整，独特的村落文明贯穿至今。在这里建成的坳瑶生态博物馆占地800平方米，其外墙用黄泥、稻草合成的泥土砌成，体现了坳瑶传统黄泥鼓的黄泥元素及古老的坳瑶民居特色。坳瑶人民创造了独具民族色彩的文化，民族传统体育也丰富多彩，黄泥鼓舞就是坳瑶民族体育文化的象征符号。坳瑶生态博物馆的建成使坳瑶原生态环境、民俗文化得到永续的保护和传承。靖西旧州壮族博物馆位于靖西市旧州街内。旧州老街主要居住着壮族人口，绣球工艺、居民建筑、刺绣、民族艺术等民族文化保存完整，特别是以绣球为代表的特色工艺，已建成了绣球产业一条街。靖西市旧州老街还被称为“中国绣球之乡”。靖西旧州壮族博物馆的建成充分体现了壮族人民博大精深的文化内涵和与时俱进的思想。另外，金秀坳瑶生态博物馆、靖西旧州壮族生态博物馆、南丹里湖白裤瑶生态博物馆、三江侗族博物馆等都具备宣传与传播的功能，在收集、保存、展示民族文化图片的基础上，充分地宣传了当地的民族历史文化和居民的生产生活。这些博物馆的建立为游客提供了高档次的旅游资源，可以使广西民俗体育旅游活动从“前台”简单的舞台化表演深入高档次的“帷幕”区域。

（四）“后台”保护性开发模式

“后台”区域是管理严格、封闭性较强、限制进出的空间，严格限制商业化的开发，严格控制游客的数量，主要通过民俗风情旅游与民俗乡村游，让那些对民俗、原生态、纯天然有兴趣的游客身临其境地体验民俗、民风，感受原生态的民俗体育文化，激发他们对民俗体育文化产生一种求知、求奇的心理，吸引他们成为民俗传统文化挖掘、保护与开发的实践者。与“台前”的商业性展演相比，民俗风情旅游与民俗乡村游是一种没有经过加工的高档次、原生态的旅游区域。

作为文化旅游的一部分，民俗体育旅游资源的吸引力在于，除了表现观赏性与参与性，最根本的还是在于它的民族性与地域性。其民族性主要体现在通过民俗节庆展示民族文化内涵与鲜明地域特色，能够满足游客对民俗体育文化一种求知、求奇的心理，成为吸引国内外旅游者前来观光、游览的重要原因。民俗体育旅游资源的开发要满足市场需求，获得经济效益，还要重视民俗体育的“原生态”保护，如果民俗体育失去了赖以生存的“原生态”特色，那么将会导致广西民俗体育开发的“前台”与“帷幕”失去根基。受地理位置、历史文化等因素的影响，广西地区城镇化滞后，基础设施（交通、卫生、通信等）还不够完善，市场化产业意识还不强，广西地区的村落文明基本没被开发破坏，无论生态环境还是人文景观都保存得比较完整。因此，将民俗乡村游作为“后台”区域，可以为“前台”与“帷幕”空间提供后备力量。

广西地区的经济发展相对落后，旅游业发展缓慢，这与拥有丰富旅游资源的大省地位不相符。广西地区不仅有绚丽多彩的自然景观资源，还有丰富多彩的民族文化资源，特别是民俗旅游资源。这些将成为广西地区旅游业兴旺、经济发展的重要优势。旅游产业的发展会带来社会经济文化的转变，改变人们传统的生活方式，使传统文化向现代化文明过渡。民俗体育旅游资源的开发要重视保护民族文化的生存环境免受破坏，着重保护这些地区的自然环境、历史文化、人们的生产生活方式等。文化发展是一个长时间、动态的、推陈出新的过程，对文化进行完全封闭的保护会导致文化自身的萎靡。保护不代表不开发，开发才是最好的保护。迎合旅游业发展的契机，对外来文化进行筛选、取长补短，使之与广西传统民俗文化相互渗透、相互借鉴。

文化旅游业日益发展，旅游者对文化旅游资源的需求也在发生改变，高内涵、高档次的民俗文化旅游资源正好迎合了旅游者的心理，满足了他们对文化的审美与理解。广西民俗旅游想要在激烈的旅游市场中占有一地之席，必须把开发自然景观资源与民俗文化资源相结合，推出一系列高档次、高品位的民俗体育旅游资源。例如，推出乡村“农家乐”“民俗乡村游”等旅游模式。这些模式是传统文化与村落文明的结晶，为旅游者提供了原生态的民俗、民风，让他们在这里感受到原生态的民俗体育活动。这种根据自然风光与文化内涵形成的旅游模式通过一系列相应措施，可以严格控制开发者与旅游者的行为，有效地减轻对自然生态环境的破坏，加大对传统文化的保护力度，保持民俗体育文化的精髓，与“前台”商业化的演出、“帷幕”民俗文化博物馆的展示共同构成体系，促进地方旅游业的发展。

文化旅游的开发与当地居民的生产生活密切相联系。保持文化原生性不代表不挖掘、不开发。随着社会的发展，人民生活水平的提高，我们不能再一味地保护文化的原生性，而忽视村落居民落后的生活环境，应把文化旅游资源的开发与提高当地居民的生活水平相联系。文化的保护与传承离不开当地居民，如果离开居民的利益而一味地追逐经济利益，这些文化很难得到很好的保护与传承。“后台”的保护模式不能只依靠政府的强制措施，而应根据实际情况，把民俗文化旅游与居民的生活密切联系起来，提高村落居民的经济收入，让他们成为传统文化的持有者与保护者。

“前台、帷幕、后台”模式从整体上把握了广西民俗体育旅游资源保护与开发的方向与目标。民俗传统文化不只局限于“前台”舞台化演出的表现形式，还包括原生态的环境、人们的生产生活方式、节庆的礼仪、文化生态博物馆等。仅靠“前台”的文化展演不可能保护与传承民俗体育文化，要把“帷幕”文化生态博物馆展示以及“后台”的民俗乡村旅游联系起来，达到既能保护与传承广西民俗体育旅游资源，又能促进广西地区的经济发展的目的。

（五）运用"前台、帷幕、后台"模式分析——以宾阳炮龙节为例

我国广西壮族自治区民俗体育旅游开发与保护理论研究相对滞后，缺乏行之有效的开发与保护模式，造成了广西地区民俗体育文化的商业化与原生态自然环境的破坏，使广西民俗体育旅游资源的持续发展受到严重影响。"前台、帷幕、后台"理论模式是调和广西壮族地区民俗体育旅游资源保护与广西壮族地区旅游开发之间矛盾的重要手段。广西宾阳炮龙节民俗体育文化旅游节应将宾阳县城文化表演作为"前台"，如民俗体育、民俗风情的商业演出；将宾阳老庙、老街、宗祠等极具特色的炮龙节遗址作为"帷幕"，即通过老庙、老街、宗祠等遗址让游客认识炮龙节的历史，认清炮龙节的价值；将民俗风情旅游与民俗乡村游作为"后台"，让游客身临其境地体验民俗、民风。

因为游客选择旅游的时间不同，旅游形式的多样，所以感受到的旅游产品的质量也有所差异。很多群体喜欢跟团出游，行程密集，导致游客的时间太过紧凑，没有太多的精力深入了解和认识一个地方的民俗体育文化内涵和价值，这时候就需要通过前台舞台化空间向游客展示当地的民俗体育、民俗风情等。可见，"前台"舞台化空间的出现有一定的必要性和合理性。研究发现，游客在"前台"区域观看民俗体育舞台化的表演时，对那些经过加工且娱乐性较强、地方特色鲜明的民俗传统体育旅游产品会产生浓厚的兴趣，以满足其求知、求奇的心理需求。旅游产品中充满了赝品、次品、复制品等，游客也清楚地知道，民俗体育演出、民俗风情的展示等都是旅游地专门精心设计，进行商业化包装的结果，而且销售的各种纪念品也不是本地的工艺。但游客并不太关心这些问题，而是去寻找真实存在的"后台"真相。他们更在意这次旅游途中的阅历以及生活的舒适和内心的满足，即使没有真正体验到民俗体育文化的"原汁原味"也无所谓。宾阳县城各类文化表演作为"前台"，符合大多数游客的需求，但进行"前台"产品开发的经营者需要为游客提供高质量的服务、完善的旅游基础设施；对娱乐性、参与性较高且带有浓郁民族风情的旅游资源进行产品开发时，需要注重开发产品的市场效应，实现民俗体育旅游产品的不断革新；维持良好的市场秩序。

"前台"的商业性催化了市场效应。可以看出，民俗体育文化在舞台表演上虽然保留着基本内容和形式，但其真正的价值与功能已经发生了改变，增添了现代社会的元素，失去了民俗体育文化的草根性、原始性和古朴性。游客想要真正了解和认识民俗体育文化的内涵和精髓，就需要深入挖掘，进一步探索。另外，民俗体育旅

游资源的开发带来的正面效应大于负面效应，但我们也要正确地对待旅游开发对当地政治、经济、文化等方面造成的负面影响。

现代文明给传统文化带来了巨大冲击，为了协调现代文明与传统文化的关系，需要在前台和后台区域内设置可以过渡的空间。宾阳老庙、老街、宗祠等极具特色的炮龙节遗址作为“帷幕”，为游客提供独特的民俗文化盛宴，虽然进行了规模较小的商业开发，但与后台当地居民的生产生活空间还是保留着一定的距离。

民俗风情旅游与民俗乡村游作为“后台”，即民俗旅游文化的保护基地，是游客身临其境体验民俗、民风的区域，在这里可以感受到原生态的民俗体育。以民俗体育为表演形式，更具吸引力，可以让大量游客参与其中，满足他们亲身体验舞台化表演的需求。但是，面对大量游客的到来，民俗体育生存的母体空间势必会遭到破坏，造成不可挽回的负面影响。及时提供快捷的交通、完善的基础旅游设施、高质量的服务不但可以减轻大量游客给后台空间带来的负面效应，而且能获得持续不断的经济效益。“后台”区域原本是不向外界展现的封闭空间，这种封闭可以为民俗体育的生存保持完整的、自然的、原生态的空间，还可以吸引游客成为民俗传统文化挖掘、保护与开发的实践者。“后台”民俗文化的原生态性使游客产生的新鲜感是旅游资源产生吸引力的源泉。

宾阳炮龙节民俗体育文化旅游资源的开发充分发挥了“前台、帷幕、后台”模式的优越性，可以为广西民俗体育旅游资源的开发提供指导与借鉴。“前台、帷幕、后台”模式的运用让三种模式相互呼应、互为铺垫、相互影响，促进了旅游业的快速发展，也促进了广西民俗体育文化的可持续发展。

第三节　体育文化生态圈构建——融水苗族“百节之乡”

一、融水苗族节日文化及融水民族传统体育项目活动现状分析

（一）融水苗族节日文化分析

1. 融水民族文化的基本情况

融水是以苗族为主体的多民族居住的山区少数民族自治县，其苗族文化资源极其丰富，这里是苗族文化的繁衍和传承地之一。伍新福在《苗族史》一书中提道：

“苗族是中华民族中历史最长、文化积淀最丰富、贡献最大的少数民族之一。”戴民强在《融水苗族》一书中也提道：“苗族不仅是一个历史悠久的民族，还是一个具有坚忍不拔、顽强战斗传统的民族。”受到历史上战乱的影响，苗族部落向四方迁徙，从北方到南方，从东部到西部，从平原到山区。而广西融水苗族的群落大多数是从湖南与贵州一带迁徙过来的。在历史长河中，融水苗族人民创造了具有特色的苗族文化，如斗马文化、芦笙文化、苗歌文化、信仰文化等。其中，芦笙文化、斗马文化在融水民族文化中位居核心地位。由于融水苗族文化独具特色，2006 年，融水的“苗族系列坡会群”被列入首批国家级非物质文化遗产名录；2010 年，中国民间文艺家协会授予融水“中国芦笙斗马文化艺术之乡”牌匾。由此可见，融水苗族传统文化是中国少数民族传统文化中的珍品和瑰宝。

2. 融水苗族“百节之乡”分析

“传统节庆是民族文化的重要组成部分，是民族的文化标志，是中华民族文化的集体记忆，是保障民族文化绵延的重要动力。”融水苗族自治县境内居住着苗、瑶、侗、壮、仫佬、汉等民族，当地人民以其多彩的风土人情在生存、发展过程中形成了自己多姿多彩的传统节日文化。以元宝山为轴心，融水的元宝、贝江、平原、融江“四大片区”20 个乡镇逆时针流转形成的大圆圈中，有苗年、龙狮节、拉鼓节、芦笙节、芒哥节、百鸟衣节等 100 多个节日。这些传统节日各具特色，活力四射，吸引了八方游客观看与参与。这体现了融水苗族人民与其他各民族的融洽与团结，充分彰显了民族区域里少数民族传统文化的无限魅力。由此，融水也被当地人与社会媒体誉为“百节之乡”。戴民强通过挖掘与整理编写了《融水百节》一书，书中共整理了融水县内各民族的 138 个民族传统节日。这些节日充分展现了融水传统节日的丰富多彩，不但项目多，而且独具一格，有的是神秘的、古朴的、历史悠久的；有的是在中华人民共和国成立后恢复的、创新的；规模大的有 5 万观众，小的也有几千人，各个节日都有它的特色、亮点，吸引着数万游客，也引起了外国友人和媒体的关注。它将对促进经济发展，增进各民族团结起到重大的作用。

3. 融水苗族节日文化的特征

少数民族节日文化作为一种文化现象，在不同区域、不同时代中体现出来的文化特征是不同的。在《融水苗族自治县非物质文化遗产普查资料集》中的“芦笙斗马节”和“融水苗族系列坡会群”申请报告中，融水一系列节日的特征与笔者访谈何伯琦所描述的融水苗族节日特征是相似的，笔者整理归纳出以下四点基本特征。

第一，仪式的完整性。在节日开始之前，仪式是必不可少的，人们要举行一个仪式，以表达对神灵的敬重，如“融水苗族系列坡会群”“芦笙斗马节”等节日。

第二，祭祀的传统性。融水苗族过苗年，过苗年的文化内涵是庆祝、祈求神灵来年风调雨顺。苗年之前家家打扫庭院，杀猪宰羊，随后各家各户在火塘祭祖，全家共餐，最后参加芦笙踩堂、斗马、唱苗歌等文体活动。

第三，群众的自发性。这里所说的群众的自发性是指融水苗族乡民遵循祖先的风俗而自发组织与传承，并非政府参与的组织。政府只是到节日那天派警察维护交通秩序与安全。融水苗族系列坡会群都是由当地村寨德高望重之人组织的，然后当地苗族乡民自愿捐款或捐物，坡会活动期间，男女老少都积极参加节日活动。

第四，民族团结融合性。融水苗族节日活动除苗族同胞外，瑶、侗、壮、仫佬、汉等民族也相聚一起欢度节日，整个节日活动已经成为民族团结、进步的平台。

（二）节日中融水民族传统体育项目活动现状

1. 节日中融水民族传统体育项目活动概览

如前所述，融水具有丰富的传统节日文化内涵，是传承民族文化的平台，也是融水民间民俗体育活动得以发展的大舞台。节日中的芦笙踩堂、拉鼓、斗马、斗鸟、赛芦笙等民族传统体育活动项目精彩纷呈，对大苗山村寨群众具有极强的吸引力和广泛的号召力，是实施全民健身计划和发展群众体育事业的重要手段。融水大苗山节日中的民族传统体育项目多种多样，其系列节日之间的民间民俗体育活动有共同的项目，从而构成了融水系列节日中盛行的民族传统体育文化资源，如表 6-9 所示。

表 6-9　融水苗族传统节日中民族传统体育项目活动一览表

序　号	节日名称	时　间	传统体育活动项目	流传区域
1	融水芦笙斗马节	11 月 26 日	芦笙踩堂、芦笙比赛、斗马、斗鸟、斗鸡等	融水苗族村寨，现在定在县城举办
2	苗年	农历十二月的第一个卯日	芦笙踩堂、忙哥表演、斗马等	大年、拱洞、红水、安陲、香粉、四荣等乡
3	融水龙舟节	农历八月初八	龙舟赛	融水镇

续 表

序 号	节日名称	时 间	传统体育活动项目	流传区域
4	沛松坡会	农历正月初六	斗马、斗鸟、斗牛、赛芦笙等	安太乡培地、培高等四个村寨
5	能邦坡会	农历正月初八	吹芦笙、赛芦笙、斗马、斗鸡等	良寨乡培洞村老寨的河滩上
6	三寸忙哥斗马节	农历正月初九	芦笙踩堂、赛芦笙、斗鸟等	安陲乡三寸村
7	松树坳忙哥斗马节	农历正月初十	斗马、斗鸡、斗鸟等	安陲乡九同村
8	红水芦笙节	农历正月十一	芦笙、斗马、武术等	红水乡
9	引依积芦笙坡会	农历正月十二	吹芦笙、芦笙踩堂等	红水乡高文与振民两村
10	滚贝“热伴”节	农历正月十一	芦笙、斗马、斗牛、斗鸡、舞龙、舞狮等	滚贝侗族乡
11	翁坳芦笙节	农历正月十一	芦笙、斗马、斗鸟、斗牛等	安陲乡乌吉村
12	杆洞百鸟衣坡会	农历正月初十	吹芦笙、芦笙踩堂、斗牛等	杆洞乡
13	古龙坡会	农历正月十六	吹芦笙、赛芦笙、斗马等	县中部香粉乡一带
14	安陲忙哥坡会	农历正月十七	忙哥表演、芦笙、斗马、斗鸡等	安陲乡暖平河口
15	苗族春社节	春分前后	斗马、斗鸡、民间武术等	红水、拱洞、白云等
16	培科春社节	二月立春后	斗马、斗牛、篮球、拔河等	安太乡林洞村培科屯
17	大年韦氏春社节	农历春社当日及前一天	拔河、象棋、篮球等	大年乡大年村
18	六秀妇女忙哥节	公历 3 月 8 日	芦笙、忙哥表演等	安陲乡六秀村
19	四月八黑饭节	农历四月初八	吹芦笙、打同年等	融水一带苗族同胞村寨

续 表

序 号	节日名称	时 间	传统体育活动项目	流传区域
20	苗族新禾节	农历六月初六	芦笙、斗马、斗牛、赛马、对歌、拔河等	融水各苗族同胞村赛
21	依粉坡会	农历六月初八	吹芦笙、赛芦笙、赛马、斗马等	小桑、元宝两村
22	雨梅新禾节	农历六月初六	水上拔河、篮球、抓鱼等	香粉乡中坪村雨梅屯
23	滚贝鬼节	农历七月十三至十四日	"野鬼"、芦笙、拔河等	滚贝侗族乡
24	龙令党乌弄坡会	农历八月十六	摔跤、武术、斗牛、斗鸟等	拱洞乡龙令村
25	大浪重阳节	农历九月初九	芦笙、抢花炮等	大浪镇
26	苗族拉鼓节	农历十月份	卜鼓、砍鼓、吃鼓、拉鼓等	洞头镇高埂村和杆洞乡尧告村

2. 融水苗族自治县的"芦笙斗马节"

（1）"芦笙斗马节"的由来。融水苗族历史悠久，民族文化源远流长。关于芦笙文化与斗马文化的起源，有很多民间传说。芦笙是苗族最喜爱的圣物。苗家都有自家的芦笙，每个村寨少的也有几十把，多的有上百把。苗家有句话俗话："芦笙不吹响，谷子不发秧；芦笙一吹响，脚痒手也痒。"《苗族简史》一书中写道："湖北随县曾侯乙墓出土的文物中有笙，经专家鉴定为公元前的成品，其形状、结构与现在苗族的芦笙相同。"这一考古说明芦笙至少在 2 000 多年前已经出现。至于斗马文化的历史渊源，笔者根据刘健的描述并结合申报资料，同时电话访问"斗马"传承人 —— 梁瑞荣，总结得知，融水苗族斗马文化民间相传于 500 年前，源于一项关于婚姻的传说。有一位苗族部落首领，老来得女。女儿漂亮聪慧，年满 16 岁时，招来了无数求婚者，此时父母取舍难定，于是交由女儿定夺。姑娘心生一计，想出了一个好主意，在坡会中以斗马比赛来决胜负。最后，她自己嫁给获胜者，称其为"白马王子"。之后随着时间的推移，斗马精神就成为苗族青年男女互定终身的风俗活动，并且世代延续下来。苗山群众喜欢斗马取乐，不论节日大小都少不了斗马活动，斗马活动已逐渐演变成了一种集观赏、娱乐和体育竞技于一体的民俗节庆文化活动，成为增添节日气氛，促进民族之间往来，增强民族团结和友谊的重要平台。

芦笙斗马文化历史悠久，世代相传，盛行不衰。1987 年，融水苗族自治县人民政府根据广大群众的强烈呼声，将县庆日（每年 11 月 26 日）定为“芦笙斗马节”。笔者在实地调查中收集了相关资料，列出往届县城“芦笙斗马节”的时间与原名表，如表 6–10 所示。

表 6–10　融水苗族芦笙斗马节历届统计表

历　次	时　间	原　名
第一届	1987 年 11 月 26 日	融水苗族自治县第一届斗马节
第二届	1988 年 11 月 26 日	融水苗族自治县第二届斗马节
第三届	1989 年 11 月 26 日	融水苗族自治县第三届斗马节
第四届	1997 年 4 月 12 日	融水苗族自治县第四届斗马节
第五届	2000 年 11 月 25—11 月 27 日	首届芦笙节
第六届	2004 年 11 月 7 日	中国芦笙斗马节之乡 —— 融水第一届芦笙斗马节暨糯米香柚展销会
第七届	2005 年 11 月 26—11 月 27 日	中国芦笙斗马之乡 —— 融水第二届芦笙斗马节暨农林产品展销会
第八届	2006 年 10 月 29—10 月 30 日	融水第三届芦笙斗马节暨“贝江水泥杯”龙舟大赛
第九届	2009 年 11 月 20—11 月 21 日	融水苗族自治县第四届芦笙斗马节
第十届	2010 年 11 月 6—11 月 8 日	中国柳州融水苗族芦笙斗马节
第十一届	2011 年 11 月 26—11 月 27 日	中国融水苗族芦笙斗马节
第十二届	2012 年 11 月 26—12 月 1 日	中国融水苗族芦笙斗马节（60 周年县庆）

（2）县城“芦笙斗马节”中民族传统体育项目活动现状。2012 年 11 月 26 日—12 月 1 日，笔者经融水县文体局领导同意，参与协助“芦笙斗马节”暨融水县六十周年县庆各项活动工作。融水县城“芦笙斗马节”是由自治县人民政府主办，地点设在县城民族体育公园。融水县全县共 20 个乡镇，吹芦笙、跳芦笙遍及 14 个乡镇，全县共有 317 支芦笙队伍，斗马队 60 支。这一天，融水苗族男女老少都穿上整齐漂

亮的苗族服装，戴上银饰来到民族体育公园参加活动。按苗族传统习俗，凡进入芦笙堂前，必须举行芦笙柱祭祀仪式。举行完仪式后，各乡镇芦笙队按指定位置准备吹芦笙踩堂，开始他们虔诚的祭祀表演。多变的踩堂舞步给观众和嘉宾留下了深刻的印象。随后，活动场面热闹非凡，内容丰富多彩。先是民族风情大型广场舞表演，然后是芦笙比赛、斗马、斗鸡、斗鸟及舞龙舞狮表演等，参赛人员 1 000 多人，每届参加活动的群众和区内外宾客约 10 万人次。

3. 安太乡“十三”坡会与香粉乡古龙坡会

（1）融水苗族系列坡会简介。坡会是融水境内以苗族为主的各民族在特定的时间和地点集体聚会娱乐的民间传统节日活动。据不完全统计，融水境内各种大大小小的坡会就有几十个，分布在苗族聚居的各个乡镇村屯。坡会活动内容丰富多彩，既有传统祭祀仪式，又有比赛娱乐项目，其中以吹芦笙、跳芦笙舞为主。融水苗族系列坡会大都集中在农历正月初三到十七这段时间举行，其间融水县各乡镇村屯的坡会是每天一个，连续不断，组成坡会链条，从而形成一个系列化的独特的文化空间，成为坡会群。据初步考证，当下所存在的这些坡会有着 100 ～ 300 年的历史。融水苗族自治县境内的 10 多个乡镇（村寨）从正月初三至十七这段时间内，14 个坡会在不同的时间和地点举行，此起彼伏，连续不断，形成了蔚为壮观的坡会群。为了便于了解和对比各坡会的时间、地点、规模及民族传统体育项目活动现状，笔者根据实地调研得出融水苗族系列坡会群情况（表 6–11）。

表 6–11　融水苗族系列坡会群民族体育项目活动现状情况

序　号	坡　会	时　间	地　点	规　模	主要民族体育活动项目
1	整英坡会	正月初三	大年乡	10 多堂芦笙	踩堂、赛芦笙、斗鸟、斗鸡等
2	嘎直坡会	正月初四	四荣乡荣塘	6 堂芦笙，观众 1 万人左右	踩堂、赛芦笙、斗马、斗鸟等
3	平卯坡会	正月初五	拱洞乡平卯	7 堂芦笙，观众 1 万人左右	踩堂、赛芦笙、“多耶”、斗鸟等
4	沛松坡会	正月初六	安太乡培地	9 堂芦笙，观众 1 万人左右	芦笙踩堂、赛芦笙、斗鸟、斗牛等

续　表

序　号	坡　会	时　间	地　点	规　模	主要民族体育活动项目
5	拱洞坡会	正月初七	拱洞乡	8堂芦笙，观众1万人左右	踩堂、赛芦笙、斗鸟、斗鸡等
6	能邦坡会	正月初八	良寨乡培洞	10多堂芦笙，观众1万人左右	芦笙踩堂、赛芦笙、斗鸟等
7	乌勇芒哥坡会	正月初九	安陲乡乌勇	6堂芦笙左右，观众1万人左右	跳芒哥、吹芦笙、踩堂等
8	整依直坡会	正月初十	红水乡良双	10堂芦笙，观众1万人左右	吹笙踩堂、赛芦笙、打同年、斗鸟等
9	整堆坡会	正月十一	安太乡元宝	8堂芦笙，观众1万人左右	踩堂、赛芦笙、斗马等
10	百鸟衣坡会	正月十二	杆洞乡	20多堂芦笙，观众3万人左右	踩堂、赛芦笙、斗马、斗鸟等
11	安太坡会	正月十三	安太乡	20多堂芦笙左右，观众4万人左右	芦笙踩堂、赛芦笙、斗马、斗鸟等
12	更喔坡会	正月十四	白云乡邦阳	5堂芦笙门，观众1万人左右	耍“精令”、吹芦笙、赛芦笙、斗鸟等
13	大坡坡会	正月十五	香粉乡大坡	已停办至今	
14	古龙坡会	正月十六	香粉乡古龙	20多堂芦笙，观众4万人左右	芦笙踩堂、赛芦笙、斗马、斗鸡、舞狮等
15	芒哥坡会	正月十七	安陲乡江门	20多堂芦笙，观众3万人左右	芒哥表演、芦笙踩堂、赛芦笙、斗马、斗牛等

（2）安太乡“十三”坡会与香粉乡古龙坡会的由来。安太乡“十三”坡会建立已有30多年了，当时安太乡一带大大小小的芦笙坡会就有十来个。坡会虽多，但活动点分散，规模小，活动内容单一，热闹不起来。为改变这一现状，广大群众纷纷

要求在乡政府所在地建立一个全乡性的、影响大的芦笙坡会。乡党委、政府在广泛征求意见后，决定建立安太乡芦笙坡会，坡会举行日定在每年农历正月十三，地址选在乡政府附近、苗语叫作“整欧”的田垌里，谓之“十三安太坡”。

香粉乡古龙坡会于清光绪二十八年（1902 年）形成。之前，人们赶的是正月十五大坡坡会，由于大坡附近的村寨小，容纳不下前来赶坡的群众，场地较为偏僻，各地来的群众在坡日相处的时间短，找不到地方住宿，没有充裕的时间交流。另外，坡会地址不是香粉地区的中心点，更不是苗、瑶、侗、壮等少数民族聚居的地方，许多具有民族特点的娱乐项目未能得到展现。时任香粉团总的韦兰庭交际甚广，喜唱山歌，在当地颇有名望。他积极采纳群众意见，在香粉乡内的大盘寨建立坡会，就这样，一个热闹的古龙坡会从此诞生了。

（3）安太乡“十三”坡会与香粉乡古龙坡会民族体育活动现状。融水苗族坡会具有连续性，活动内容基本相似，只是规模不同。可见，融水当地苗族所共有的系列坡会群活动以及各个村寨的活动项目是相互联系的。因此，安太乡“十三”坡会与香粉乡古龙坡会的民族传统体育项目活动开展现状基本一样。安太乡与香粉乡的村寨位置都是四面环山，绿树成荫，一年一度的坡会活动就在一片开阔的田垌里举行。坡会那天，方圆数十里的苗族男女，拿着芦笙，扛着鸟笼，牵着马匹，打着花伞，穿红戴绿，朝着坡会场赶来。远远望去，山梁上、村道间、河溪旁出现了成列成队行走的人群，就像一条彩带在飘动。坡上竖立着十几根木制的芦笙柱，每根芦笙柱都有一支芦笙队围着吹笙，每队有三四十人，吸引了八方宾客向坡会中心点聚集，节日气氛热闹非凡，坡会的传统文体活动内容多姿多彩，设有芦笙踩堂、芦笙比赛、斗马、舞狮、斗鸟和斗鸡、山歌、苗歌比赛等活动项目。同时，融水苗族具有特色的芦笙文化、浓郁的民族风情、美丽的自然景观为外地游客所青睐，吸引了很多外国人士前来观光采风。人们围着方桌，亲切交谈，时而对唱山歌，时而举杯畅饮，在一片欢乐的节日气氛中。

4. 斗马和芦笙踩堂活动田野纪实

融水县城芦笙斗马节、安太十三坡会和古龙十六坡会给笔者留下了深刻印象。斗马仲裁由德高望重、公平公正的寨佬担任，寨佬先拿火把走进场，摆好祭品，当着众人的面祭祀。祭祀仪式是当地的信仰文化，饱含着人们期盼幸福的心理，表达着集体团结向上的精神。在祭祀过程中，全场肃然起敬，鸦雀无声。祭祀完毕，寨佬站起来对大家说：“乡亲们，今天是吉日，现在是良辰，眼前皆美景。为了给大家带来节日快乐，给新年带来吉祥，共同祝愿来年风调雨顺、五谷丰登、人丁兴旺，我们在这里举行斗马赛……”

之后，斗马比赛开始了。工作人员牵着一匹洁白的“马小姐”走进场来，在场上转了一圈，然后再由两位骑手各牵一公马进场与母马“相亲”，尔后松开缰绳，两马便为争夺“爱情”展开激烈搏斗。对于赢与输的规则，笔者访问时任融水苗族自治县文体局副局长的刘健，他说：“斗马比赛都是单循环淘汰制，在规定时间内，如果哪匹公马接近母马的话裁判员就判该匹公马获胜，或者一匹公马被另一匹公马追的话，裁判员就判被追的公马输。”以下是斗马规则（县文体局赛事规则）。

（1）“选斗”。由裁判视参赛马匹数进行抽签编号。

（2）“走堂”。各马主身穿苗装，腰系铜铃，手执花鞭，骑或牵马依次绕场一圈，以示威风。

（3）“相斗”。首先由一位胆大心细的马主牵一匹雌马进场，再由骑士牵两匹雄马与雌马“相认”。尔后骑手松开缰绳，于是两匹公马便为争夺“爱情”展开激烈的搏斗。

（4）比赛分初赛、复赛、决赛三个阶段，以败走一方为输。如果两马久斗难以分输赢，即为平局，最后定出一、二、三名。

（5）斗马结束后，场上鸣枪放炮，吹奏芦笙，为获胜者披红挂彩并颁发奖金、锦旗、镜屏、证书等。

在斗马过程中，双方马主都在自己马旁边喊：“嘿，嘿（主人对马喊加油意思），快快咬掉它的长鞭，长鞭！”马听懂了主人的话，双方立即仰起两只前脚，向对方进攻。最后获得冠军的马主除了获得苗族传统奖品外，还有奖金。赛后，笔者带着疑问访问融水苗族自治县文体局原副局长欧阳伟平。笔者问“苗族为什么要斗马？斗马有什么作用？”他认真地想了想，笑着说：“我们苗族居住在高寒山区，一年四季，辛勤劳作，没有什么乐趣，就长年养马。马养多了，公马为了争夺交配权，总是激烈地争斗，场面十分热闹。于是我们就创办了苗族斗马节。我们苗族爱斗马，主要是显示我们田多马多、人丁兴旺，更是为了过节取乐、热闹一番。”融水苗族传统文化之所以长期传承，在于它有深刻的文化底蕴，有强烈的文化需求，苗族传统的斗马比赛其实就是生长在苗族传统体育文化沃土上的一朵奇葩。

芦笙踩堂，是少数民族民俗民间传统体育文娱活动的项目，主要流传于融水、三江、龙胜及广西周边省份的苗族、瑶族、水族等少数民族。芦笙踩堂一般在年节、集会、庆贺等节庆时表演，多数在春节期间举行。

在坡会上各村寨都会有自己的芦笙柱，各队表演者身着盛装进芦笙坪，围绕自己的芦笙柱围成两个大圆圈。男青年在里圈手把芦笙吹，女青年在外圈持花手帕或扇子，以小步挪动。芦笙踩堂一方面展示了苗族服装的美丽，另一方面展示了苗族姑娘的样貌与身上的银饰。芦笙踩堂动作很简单，它并不像篮球动作那么难学，那么复杂。圈内的男青年整齐地吹起踩堂曲，左右晃动即可。女青年在外圈做摇摆双手、扭动下肢、原地旋转等动作。做完一组动作后，以小步舞动，小幅度围绕着芦笙柱移动位置。这些具有民族特色的体育舞蹈给游客留下了深刻的印象。任何一项民俗民间文体活动都具有其社会功能和承载着的情感，而芦笙踩堂在过去只能在祭祀、婚俗等仪式上进行。现在每逢节日、欢庆丰收及社交活动时常常开展，可见它具有宗教、民俗、体育竞技及文化娱乐等多种功能，在融水苗族、侗族等各族人民的全面健身活动中起着独特的作用。目前，在融水境内节庆中的芦笙踩堂一般分为五类：表演性、祭祀性、习俗性、自娱性和仪式性。对竞技性比赛没有过多竞赛规则，以表演性为主。表演一般又以竞技方式进行集体比赛，以吹奏乐曲多、舞蹈时间长、声音谐和优美、动作和步法丰富取胜。

芦笙队伍气势磅礴，蔚为壮观；芦笙响起仿佛排山倒海，气壮河山，声音可以传出千米之外。因此，芦笙踩堂得到了快速的发展，从民间走上舞台，从国内走向国外，深受国内外专家、媒体及民众的赞誉。许多重要的体育盛会、文艺晚会、广场文体活动中都会出现芦笙踩堂的表演。

（三）融水民族传统体育文化的文化人类学思考

“文化人类学是以人类及其文化的起源、进化和变异，体质变化和文化变迁与生存环境之间的调适，异族人群之间文化碰撞、交流和传播，未来文化发展走势、规律和特点为研究对象。”文化人类学最早进入中国是在20世纪20年代初，随后各学科学者围绕文化人类学的学科性质、价值和任务等方面进行了不同的阐述。林惠祥认为：“文化人类学是研究原始文化即人类文化起源及进化的科学。”蒋立松在《文化人类学概论》一书中强调：“文化人类学是研究理解人类文化相似性和差异性，探讨人类文化本质、价值的学科。”胡小明早前提出了体育学科上的应用，他在《体育人类学》一书中指出体育学科“该学科是一门研究人类（族群）及其文化的学科”。而民族传统体育作为一种文化现象，与文化人类学功能具有一定的社会共性。它们的产生与一个民族的生产、生活、经济、文化、历史、军事、宗教、风俗、娱乐等融为一体，构成了一个民族的体育文化体系，成为人类生产和生活中不可或缺的重要组成部分。换言之，文化人类学在民族传统体育研究中的使命在于民族传统体育项目运动的寻源、寻古，是认识民族传统体育文化的本质，是探究民族传统体育文化社会价值的理论依据。

苗族是我国最古老的民族之一，他们在生存、发展过程中形成了自己的民间民俗节日。这些节日的起源与苗族的历史、生产、生活、经济、文化、宗教、风俗等有着密切的关系。例如，融水大苗山斗马节中的斗马项目，相传源于古代婚姻习俗，随后演变成大苗山苗族群众喜欢的斗马娱乐活动，也形成了融水大苗山独具特色的民间民俗体育项目。斗马精神象征融水苗族同胞在艰苦的自然条件下保持着积极向上的精神。苗族拉鼓节中的拉鼓源于融水杆洞乡苗族人民祭祖、求吉、驱邪的活动。通过拉鼓祭祖活动，苗族人民送祖宗灵魂上天，以求来年风调雨顺、六畜兴旺、老少平安。融水苗族鸟会日斗鸟活动是源于大苗山男人们养画眉相斗的习俗，体现了大苗山男人刚勇好斗的性格。无论走村串寨还是出门劳作，大苗山主人总把鸟笼带在身边。

可见，从文化人类学的视角去探析区域传统体育节日文化活动，对追寻该项目的本质溯源有着重要研究价值与意义，也有利于在社会变迁下民族传统体育文化的传统与现代、强势与弱势、东方与西方的文化争论、冲突和交融等问题的解决。

二、构建融水苗族传统体育文化生态圈的必要性

（一）区域全民健身与休闲娱乐的需要

少数民族区域全民健身是我国向体育强国迈进的标志之一。1990 年出版的《中华民族传统体育志》中共收集民族传统体育 997 项，其中少数民族传统体育有 676 项。容小宁主编的《广西民族体育十大传统技艺》提到，广西共有 217 个民间传统体育项目，具有种类齐全、文化内涵深广而独特、活动形式多样的特点，从而在广西少数民族区域形成了民族传统体育活动的健身性与娱乐性。本书通过融水苗族传统节日的分析，探析构建民族传统体育文化生态圈的可行性，为融水全民健身与休闲娱乐提供了新的途径。

（二）区域民族传统体育文化的传播需要

“挖掘传统区域文化圈中的丰富传播资源，构建一种具有现代性的传播理念，营造一种和谐发展的社会氛围，既是区域文化传播打造核心竞争力的需要，又是传播媒介应该承担起的历史使命。”民族传统体育文化生态圈的构建，对挖掘、整理及推广民族传统体育项目有着重要的传播作用，同时形成民族文化多元化的传播理念。

民族传统体育项目种类繁多，活动多在少数民族地区开展。因此，在特定少数民族区域中依托少数民族节日构建民族传统体育文化生态圈，是民族传统体育文化传承与保护的重要平台。这样才能让民族传统体育文化在主流文化背景下长时间地保持自己文化传播的独特优势与核心能力，提高社会媒体对民族传统体育文化的关注度、传播度及参与度。

（三）区域文化软实力发展的需要

有学者将区域软实力定义为“一个特定的区域，依靠其特色文化、人文素质、精神风貌、生态环境、体制机制、发展模式等产生的创新力、凝聚力和影响力”。因此，在经济全球化与社会现代化进程的今天，全国很多少数民族地区通过借助传统节日文化的优势政策，不断挖掘少数民族传统节日文化内涵，以传统节日为平台，分别围绕“节庆产业发展”与“节庆品牌传播”两大主题，来吸引更多商界对少数民族区域的投资。笔者从对融水苗族自治县的实地调研中了解到，在2011年融水县第六届“芦笙斗马节”招商推介会上，共签订投资合作意向协议6个，协议投资总额达6亿多元。可见，实现传统节日文化大繁荣，不仅能提升文化软实力的核心竞争力，还能发展民族传统体育文化走产业化的道路，促进民族地区的经济发展。

三、从SWOT分析构建融水苗族传统体育文化生态圈

（一）优势分析

1. 政策优势

2012年6月21日，中国共产党广西壮族自治区第十届委员会第二次全体会议审议强调：“要建设文化遗产和少数民族特色文化保护体系，加快城乡一体化发展，保障人民基本文化权益。”由此可知，少数民族文化遗产的保护工作已受到政府的高度重视。融水是国家重点扶持开发的边远高寒山区少数民族自治县，聚居着多个民族居民，民族文化遗产资源极为丰富。多年来，融水苗族自治县党委高度重视民族文化工作，把文化建设纳入全县经济和社会发展总体规划，制订了当地文化发展计划。融水苗族自治县实施“民族文化建设十大工程”总体工作方案，并正在申请“自治区级文化生态保护区”等项目。通过抓住发展繁荣民族文化这条主线，依托传统节日，构建社会主义文化大舞台，加大投入、城乡接合、全面开花、重点打造，硬件和软件建设日趋完善，实现全县文化事业跨越式发展的目标，提升了群众文化活动

质和量的飞跃。目前，融水苗族自治县对民族传统体育工作也很重视，已成功举办了两届县少数民族传统体育运动会。活动深得民心，群众参与性强，满足了人民群众全民健身的需求和对本民族文化的认知，基本形成了全县层次比较清晰、布局基本合理、地域民族特色浓郁的社会文化发展新格局。因此，一系列的政策文件为探析构建融水苗族传统体育文化生态圈的可行性提供了很大的政策保障条件。

2. 区位优势

融水东靠桂林，南连柳州，西接宜州，北通贵州，是桂林文化旅游圈的重要组成部分。目前，融水苗族自治县境内，已有一条铁路线路穿过，公路也有两条二级公路穿过，水运交通也十分便利，上连贵州，下通柳州、梧州和广州等地。焦柳铁路怀化至柳州段电气化工程改造已经完成。融水县通往北京、上海方向最便捷的通道，也是桂北地区前往桂西、云南最便捷的通道。它与焦柳铁路交会构建融水铁路枢纽。同时，融水研究规划建设集铁路、公路和城镇公交于一体，实现乘客零距离换乘的综合客运站和铁路、公路、水路一体化有效中转运输综合物流中心。桂白铁路建设及融水县现有的便利交通，使制约融水县乡镇民族文化旅游的可进入性问题得到极大的改善，使外界各民族人民和游客可以更进一步了解“秀美融水，风情苗山”的民族文化。由此可见，独特的区位优势不仅有利于融水在区域经济格局中找准自己的定位，还有利于融水民族文化资源开发与区域经济市场的开拓，提高了构建融水民族传统体育文化生态圈的可行性。

3. 少数民族节日文化资源优势

实践告诉我们，判断一个地方能否作为特色民族文化资源的开发的开发项目，要看它独特的生态民族文化资源的存量。千百年来，在适应生态环境的情况下，广西融水苗族创造了具有浓郁民族特色和地方优秀的传统文化，蕴含着丰富的生态思想和独特的生态观念。融水，一块华南苗疆圣地，一方徐霞客曾惊叹的圣地，素有“百节之乡”的美誉。从融水的地理位置看，多数融水苗族群体的居住以元宝山为轴心，围绕着元宝山—贝江—平原—融江“四大片区”，按逆时针流转构成了一个大圆圈，有 20 个乡镇村寨居住。这个片区苗族乡镇村寨的主要传统节日有苗年、龙狮节、拉鼓节、芦笙节、芒哥节、百鸟衣节等。其中，县城“芦笙斗马节”和“苗族系列坡会群”占有重要的位置。县城“芦笙斗马节”也称县庆日。笔者通过参与第十二届芦笙斗马节志愿者工作及访谈得知，本届芦笙斗马节参加活动和区内外宾客约有 12 万人，活动内容丰富多彩，包括举行民族风情大型广场舞表演、芦笙比赛以及斗马、斗鸡、斗鸟等比赛。2010年，融水苗族自治县被中国民间文艺家协会评为“中国芦笙斗马之乡”。2011年，被国家文化和旅游部授予“中国民间文化艺术之乡”称号。而苗族系列坡会群文化是融水苗族文化的灵魂。总之，融水苗族这些传统节日各具特色、活力四射、韵味十足，深深吸引了八方宾客，增进了各民族的团结，体现了融水苗族先祖文化的精华及悠久的历史文化。因此，探析构建融水民族传统体育文化生态圈的可行性，从整体的理念上，让融水民族文化得到普及、传承、保护和创新，是很有必要的。

4. 生态环境旅游资源优势

融水属于亚热带季风气候。县境内以雄、奇、峻、险、野而闻名的元宝山自然风光，在1994年12月被国家林业局批准为国家森林公园。元宝山上有大片原始森林，近年来人们在这里发现了极为珍贵的被称为活化石的冷杉群落。而发现“野人”踪迹的传说，也给这里蒙上了一层神秘的面纱。贝江景色，是苗山又一个自然风光。县城近郊有桃源仙境寿星岩、老君洞和丹江秀色等八大风景，还有相隔数年就会发生一次奇妙乐声的被称为“千古之谜”的古鼎龙潭。目前，全县已有4个AAAA级国家景区、7个AAA级国家景区、1个全国农业旅游示范点、1个区级民族风情旅游示范点等。

2011年，融水县共接待游客120.6万人次，实现旅游总收入4.12亿元，可见这些生态环境旅游资源给融水旅游业带来了新的机遇。随着每年接待游客数量的快速增长，融水境内优秀民族文化得到了很好的传播，形成了一幅绚丽多彩的民族传统体育文化生态圈画卷。

5. 具有深厚的群众基础

调研发现，在融水传统节日这一特定的时间和氛围里，融水苗族各村寨人民都很自觉地参与本民族的传统体育活动。除相关行政部门有组织的大型节日活动以外，还时常表现为一种非组织的主观热情的自发性体育行为。由此可见，少数民族区域传统节日里的民族体育活动开展已具备了深厚的群众基础，这亦是民族传统体育活动开展的良好基础，如融水芦笙斗马节、系列坡会群、苗年等，内容丰富、形式多样，深受苗族群众及各族人民的喜爱。同时，以民族体育命名的一些传统节日吸引了群众积极参与，如每年的龙舟节、拉鼓节、芒篙节等。这些节日活动项目都会吸引上万群众参与。因此，融水具有深厚的群众基础，不仅积淀了本民族优秀文化，还加强了各村寨的精神文明建设。

（二）劣势分析

1. 县域经济发展基础薄弱

融水苗族自治县位于广西壮族自治区中北部，土地面积 4 665 平方千米，截至 2018 年，总人口 52.2694 万人，是一个集民族地区、贫困山区于一体的国家扶持开发工作重点县。由于特殊的地理位置，全县产业总体水平较落后，结构以传统产业为主，第二产业占全社会总产量比重偏低。2006 年以来，全县投入各类扶持资金 2.1 亿元，解决和巩固了 5.16 万贫困人口的温饱问题。2010 年，全县有贫困人口 6.62 万人（按新标准算），占全县总人口的 13.2%。可见，经济发展也客观地影响了构建融水民族传统体育文化生态圈的可行性。

2. 体育场地、场馆设施严重不足

目前，除县城和一些重点旅游点以外，各村寨的场地、场馆如芦笙坪、斗马场、跳坡场等设施数量严重不足，有些村屯的芦笙坪和斗马场是临时性的，用时才在附近的干田上进行。有些村屯由于地理条件限制，在村里和附近根本找不到合适的场地。笔者到安太乡和香粉乡的各村寨等地调查发现，建设文化场地普遍存在无适合土地可利用和资金困难的问题。而在人才资源上，受过民族传统体育专业培训的人很少，多数组织工作者都是苗族本地群众，这些群众文化程度较低，所以目前融水少数民族传统体育专业人才短匮缺较为严重。

3. 公共基础设施较为落后

融水苗族自治县公共基础设置虽然初具规模，但是整个基础设置还是比较简陋的。在交通方面，进入各乡镇的公路等级差，从县城进入山区没有二级公路，从县道到各乡镇都是村级路，大型车辆无法通行。由于路窄、弯多、坡陡，交通安全难以保证，从而在节日期间影响了外地游客来融水旅游。在住宿服务上，县城旅馆在平时较能满足旅客需要，但在乡镇举行大型传统节日活动时，就满足不了游客的住宿需要。这些公共基础设施的薄弱直接影响了民族传统体育文化的发展。

（三）机会分析

1. 实施新一轮西部大开发战略带来的机遇

国家实施新一轮西部大开发战略，对西部在重要基础设施、重大项目布局、优势产业发展、生态环境建设、民族文化建设、改革开放合作及解决特殊困难等方面给予项目、资金和政策的大力支持，同时十八大强调要重视文化建设。融水应紧紧抓住这一机遇，争取国家和自治区的更多支持，用好用足国家西部大开发的各种优惠政策，多上项目，上好项目，加强基本设施建设，特别是少数民族地区的民族传统文化建设，以推动经济社会发展迈上新台阶，并为探析构建民族传统体育文化生态圈的可行性提供国家政策的支持与有力支撑。

2. 广西体育事业加快发展带来的机遇

近年来，广西体育事业在中国—东盟开放合作的大背景下得到了全面快速发展。广西壮族自治区党委、自治区人民政府及区体育局根据国家实施的体育强国战略，部署了广西重振体育雄风的战略，制订了《广西壮族自治区全民健身实施计划（2011—2015 年）》等一批重大政策文件，在“十二五”规划中，使广西体育事业得到全面发展绘制了蓝图。广西体育局也非常重视民族传统体育事业，无论是民族传统体育的基础建设还是赛事的举办，都获得了较好发展。广西体育局积极创建国家少数民族传统体育保护传承示范区，为实施广西“红水河流域民族体育工程”、建设“广西民族体育特色之乡”、评选“广西民族体育传承人”及建设“广西民族体育传承馆”等做了大量工作，同时在民族传统体育进校园活动中，做了很大努力。这一系列重大项目，为广西民族传统体育事业加速发展起到了推动作用，也唤起了社会对民族传统体育文化的传承与保护的意识。

3. 民族文化生态旅游业成为热点

“民族文化生态旅游业作为可持续发展战略在旅游行业的实践，兼顾对文化生态环境和自然资源的双重保护作用。”中国旅游市场潜力十分巨大。随着国内旅游业发展重心向西部地区转移，融水地区旅游已逐渐成为柳州旅游业及广西旅游规划的重点旅游开发项目。其有海拔 2 086 米的广西第三高峰元宝山，有国家级自然保护区九万山，有绿水悠悠的贝江和古朴神秘的苗寨，有独一无二的原生态活动斗马比赛、独特的拉鼓、风情万种的芦笙踩堂舞等民族传统体育活动项目，吸引了国内外游客、媒体及企业的关注，成为新的消费增长点和新的民族文化发展区。其传统节日文化、斗马文化、坡会文化、芦笙文化是融水民族文化的核心、是融水苗族文化的灵魂。融水先后获得“广西优秀旅游县”“中国最绿色生态旅游目的地”“中国最佳民俗风情旅游目的地”等称号。2012 年，融水县全年接待游客 134.1 万次，同比增长 11.2%，实现旅游总收入 5.22 亿元，同比增长 26.7%。因此，构建融水民族传统体育文化生态圈也必将成为发展民族文化生态旅游的一个新途径。

（四）威胁分析

1. 周边地区竞争激烈

融水周边县城文化建设的快速发展，与融水文化建设形成优势互补，又对自身区域统筹协调发展产生了巨大的竞争压力。而融水苗族传统文化建设，由于起步较晚，在规划开发与建设中都落后于其东北部的三江侗族传统体育文化建设（侗族抢花炮、斗牛）、西南部河池壮族和瑶族文化建设（壮族蚂拐舞、瑶族打陀螺）、西北的贵州南部少数苗族传统体育文化发展。因此，这将是构建融水民族传统体育文化生态圈面临的巨大挑战。

2. 现代生活方式的改变

历史上的融水苗族自治县自古以来就是传统的农业耕种生产方式，人们的生活方式是封闭、单一的，基本上只能维持日常的生活，不能再进行其他的支出。但是，今日的融水不再像以前那样受局限，人们可以任意挑选自己满意的商品，也可以去 KTV、酒吧、咖啡厅等新兴的消费场所。不难发现，随着现代社会得发展，人们的生活方式逐渐走向多元、开放，呈现出初步富裕、小康生活的特征。因此，这些生活方式所表现出的价值观念给构建融水民族传统体育文化生态圈的可行性带来了严峻的挑战。

3. 当代体育主流文化事业的快速发展

“现代奥林匹克文化是社会文化产业的重要组成部分，是当代体育的主流文化，它是在体育文化竞争中形成的，具有高度的融合力、较强的传播力，得到了社会广泛的认同。”大苗山一带的苗族人民是苗族文化的创造者、保持者和实践者，是苗族文化的真正主人和传承人。长期以来，苗族人民在生活实践中，创造了自己的文化，并使其世代相传。融水苗族传统体育文化多数是在苗族传统节日活动中表现出来的，由于融水苗族人民聚居区地理位置比较特殊，苗族传统体育文化一直处于边缘地带，一些民间民俗体育文化被挤压在现代体育文化的最底层，难以有机会登上大雅之堂。但在现阶段，随着经济、体育事业的快速发展，当代体育主流文化浪潮如洪水猛兽般冲击着民族传统体育文化，使民族传统体育活动在内容上失去了原生态的“味道”。可见，当代体育主流文化使少数民族传统体育文化的发展面临着重大的生存问题。

4. 传统体育文化的传承方式

费孝通晚年主张每个民族都要通过文化自觉来重新审视自己的文化和他人的文化，以找到本民族文化的“安身立命”之地，最终达到“各美其美，美人之美，美美与共，天下大同”的境界。在大苗山里，苗族传统文化传承方式，历来都是以家族传承和拜师学艺为主的。目前，融水苗族传统文化重要的问题是关于传承人的后继乏人问题。芦笙制作传承人梁炳光说：“制作芦笙，要完成一个芦笙，简单制作至少花 2 ～ 3 小时，前期是找好材料，这需要付出艰辛复杂的劳动与耐心。”关于传承问题，他叹气说道：“现在小孩都外出打工了，不学啦……”由此可看出，由于外面世界的丰富多彩，很多苗山的年轻人都到城里打工或者在校读书考大学，不再让自家小孩学苗族传统技艺，唯有老人在家中耕劳。按照这样的情况下去，年轻人每年大批外出，传承苗族优秀传统文化的人越来越少，这将是民族传统体育文化传承的一大难题，也是构建融水民族传统体育文化生态圈的一个极大的挑战。

四、构建融水苗族传统体育文化生态圈的思路及理念

（一）构建融水苗族传统体育文化生态圈的思路和基本原则

1. 构建融水民族传统体育文化生态圈的主要思路规划

根据融水苗族文化生态的整体性保护和原生态保护规划，主要是以“芦笙斗马节”“苗年”“苗族系列坡会群”等内容为主的文化空间，还有以民间乐器、传统服饰、生产生活工具等为辅的物质文化遗产，来保护其生存、传承、发展的特定的自然文化环境。本书结合这一思路，分析融水区域民族体育文化生态圈。首先，依托融水“百节之乡”的平台，构建民族传统体育文化生态圈。融水历来节日众多，据戴民强统计，融水目前有 138 个节日，规模大小不一，小规模的约几千人，大规模的达四五万人，各个节日都有它的特点与亮点，吸引着数万观众前去观看，这对促

进融水经济发展和增进民族团结起到重大作用。其次，必须确定好保护的核心区域。融水县境内有很多具有悠久历史的苗族村寨，以元宝山四周的苗族村寨为中心，包括香粉乡、安陲乡、红水乡、安太乡、四荣乡的村寨。这些村寨历来都是融水苗族文化的发祥地和文化遗产的富集区，集中了苗族传统体育文化生态的多样性，具有高度的关联性和代表性。再次，正确保护和利用本地少数民族的文化优势，努力寻求民族传统体育文化在新的环境下传承与传播的市场空间，并借助市场这一平台扩大规模与聚集资金，实现文化遗产的延续与发展的良性循环。最后，加强民族传统体育文化活动的创新，把一些项目在原有的规则上进行改善，如芦笙舞、吹芦笙、斗马、拉鼓等，让更多的观光者参与到活动中，体验民族传统体育活动的真实感觉。

加强民族体育文化生态保护区域规划和实施传承与保护措施是一项功在当代、利在千秋的重大工程。根据《关于加强国家级文化生态保护区建设的指导意见》《广西壮族自治区人民政府关于加强我区非物质文化遗产保护工作的意见》及《融水苗族自治县苗族文化生态保护区规划纲要》精神，为推动融水生态文明与社会和谐发展，推动民族传统体育文化的整体性保护、科学性保护和传承性发展，提高广大群众的文化自觉，增强民族凝聚力，维护苗族文化多元发展格局和繁荣，将以下三方面作为融水苗族传统体育文化生态圈构建的可行性的重点区域框架。

一是重大节庆牵头，拉动周边节庆发展。大苗山素有“百节之乡”美誉，每个乡镇村均有自己的传统节庆，特别是苗族系列坡会群，与县城大型“中国芦笙斗马节”形成了一个相互关联、补充及持续发展的有机整体。

二是以县境内的核心区域为中心。从地理位置及历史文化源泉考察得知，融水苗族悠久的历史文化主要在苗族的村寨萌发，而多数的村寨以元宝山四周的苗族村寨为中心，该区域较好地保持了民族体育文化的原生态性、完整性、民族性，以“苗年”“苗族系列坡会群”内容为主的文化空间，具有适合其生存、传承、发展的特定的自然和文化环境。

三是依托旅游业发展，融入民族体育文化元素。民族体育文化是民族地区旅游业发展的活基石。融水民族体育项目多，活动内容丰富多彩，如芦笙踩堂、斗马、拉鼓、跳芒篙舞、舞龙舞狮、赛龙舟等，构建了融水最有魅力的民族风情旅游资源。

2. 构建融水苗族传统体育文化生态圈的基本原则

融水苗族传统节日众多，在节日中民族传统体育活动丰富多彩、形式多样，群众参与性强。笔者通过深入实地调研，探析了构建融水苗族传统体育文化生态圈的可行性，勾画出苗族人民灿烂传统文化的图腾。在经济全球化和现代主流文化冲击的背景下，提出构建民族体育文化生态圈的概念，推动少数民族传统体育文化的整体性保护、科学性保护和传承性发展，可提高广大群众的文化自觉性，增强民族凝聚力，维护苗族文化的多元化发展格局和推动文化大繁荣。为此，本书探析构建融水民族传统体育文化生态圈的可行性要坚持以下几方面基本原则。

第一，以人为本原则。保障和实现群众的基本文化权益，保护文化多样性，促进文化的持续发展。群众是文化遗产保护和传承的主体，有保护、传承文化的权利，因此要充分发挥人民群众在民族文化保护中的决定性作用。构建民族传统体育文化生态圈，要密切关注群众的生产生活需要，满足群众的文化需求，培养群众的文化意识，提高群众的文化素质，促进群众全面发展。

第二，政府主导原则。充分发挥政府的主导作用，建立保护机制；加强法律法规建设，制定相关规划；加大对民族传统体育文化保护的资金投入；加强传承人队伍建设；加强对广大青少年进行苗族传统体育文化传承教育。

第三，协调发展原则。因地制宜、布局合理，开展区域合作，形成民族传统体育文化保护的合力，同时与民族文化建设、新农村建设、村镇建设规划等相结合，协调同步发展。

第四，原生态性与完整性原则。在开展一些民族传统体育项目中要保持原生态文化内涵，使传统体育项目能科学、规范、健康地与现代体育项目融合发展，使民族传统体育文化得到更好的保护与传承。

第五，可持续发展战略的原则。维护生态平衡，促进文化持续发展。保护优秀苗族传统体育文化基因，为融水苗族传统体育文化持续发展提供丰富的资源。

（二）构建融水苗族传统体育文化生态圈的基本理念

1. 人本与自主理念

人本即以人作为考虑一切问题的根本。坚持人本理念，是社会主义奔向小康社会提出来的基本要求。民族传统体育文化是民族文化的重要组成部分，构建区域民族传统体育文化生态圈，就要坚持人本理念，深入群众之中，了解区域民众的意愿与需求。同时，要坚持自主理念，让民众意识到自己是本地区的民族文化主导者，以正确的自我态度对待本土民族文化的保护与传承。有责任感、主体意识和自主精神，这是衡量构建民族传统体育文化生态圈价值的重要标准。

2. 和谐理念

中华五千多年文化是“和谐”哲理的发源地，最早来源是《易经》的“天人合一”的思想，它是中华民族传统文化的核心理念。构建民族传统体育文化生态圈要从和谐的基本理念出发，以平等开发的精神，维护民族文化的多样性，加强各民族的传统文化交流，实现各民族传统文化的和谐开发、保护、传承、创新。

3. 生态文明理念

“生态文明是指人类遵循人、自然、社会和谐发展这一客观规律而取得的物质与精神成果的总和。”它的基本理念是人与自然的和谐发展。笔者走访融水文体局得知，融水苗族的历史文化与生态自然环境有着密切的联系，如斗马、芦笙踩堂表演及龙舟等活动项目，都是苗族人民自发的、有机的、内在的自然行为。因此，融水苗族多数民间民俗节日文化是在生活环境中自然萌发演变而来的，并形成了独特的生态文化价值。

4. 文化育人理念

文化育人理念是校园文化建设的重要理念之一。学校是文化传承、保护、传播和创造先进文化的重要集中场所，学校教育对弘扬民族体育传统文化和发展社会主义先进文化起着重要的作用。

5. 区域整合的文化圈理念

“区域整合是指两个或更多的地理上相近的参与者在界定的地理范围内不断扩大范围进行合作的过程，目的在于持续的、制度化的经济联合和一项或多项政策上的规范。”要依托苗族传统节日构建融水苗族传统体育文化生态圈。第一，从融水境内传统节日的地理位置分布上看，其主要集中在元宝山一带，运用区域联动整合理念的发展策略，有利于区域间同质文化的开发与发展，可带动区域品牌成熟或拉动各族资源开发。第二，从融水外部相邻区域上看，其南靠柳州柳北区，东北邻三江，西北连接贵州省，西南与河池相邻，这样的区域地理优势，使融水与各区域经济、旅游及文化等形成了合作机制，有助于实现融水与周边区域有效的整合发展。这些区域整合趋向也促进了构建文化生态圈的开放性、共享性、交互性。

6. 借势发力与自主创新协调发展理念

借势发力与自主创新是相辅相成的。构建融水苗族传统体育文化生态圈要充分发挥和利用国家的各类扶持和优惠政策，如可利用国家的贫困扶持政策、新一轮西部大开发战略、新农村建设政策等，设置类型多样、结构合理的村寨传统健身活动项目或者特色传统体育文化实验村、示范村等。同时，民族传统体育项目的形式要坚持自主创新，充分展现各村寨区域的活动特色，积极带动周边的村寨参与，使民族传统体育文化得到广泛的传承发展。

五、融水苗族传统体育文化生态圈构建的基本内容

（一）融水苗族传统体育项目的特点

1. 全民健身性

融水苗族自治县素有“百节之乡”的誉称，每年大大小小的传统节日中民族传统体育活动项目都开展得很热闹，如“融水苗族系列坡会群”中的芦笙舞、斗马、斗鸟等活动具有深厚的群众基础，每年参与坡会健身的人群少则几千人，多则几万人。可见，这些民俗民间体育活动带动了苗家群众的积极性，增强了大苗山群众的身体素质。

2. 民族性与地域性

民族性为某一民族或某些民族所特有的，而非各民族的，这是某一项民族传统体育文化在某区域的演变过程。无论是汉族还是少数民族的民族传统体育文化活动，由于地理分布广，各民族宗教信仰、政治经济、文化习俗等方面的差别，都在内容、形式、风格上存在不同。例如，融水苗族“芦笙斗马节”中的斗马项目，表现出的文化内涵、内容形式与其他地域有所不同，具有鲜明的本土民族性与地域性。

3. 审美性与社交性

广西融水苗族是一个能歌善舞的民族，融水苗族传统节日中的民族传统体育项目活动——芦笙舞，是苗族的象征和民族文化的代表。在民间，芦笙踩堂不仅是群众文化生活中的一种健身娱乐形式，而且是人与人、寨与寨之间增加友谊的媒介。

（二）融水苗族传统体育文化生态圈构建的活动项目分类

范纯、伍广津、刘靖南主编的《民族传统体育学》与胡小明主编的《民族体育》，从整体结构上均将中华民族传统体育分为四类：武术、导引术、民间传统体育游戏及少数民族传统体育。每当节日到来之际，勤劳、淳朴的苗山群众便身着盛装，在节日上尽情地参与吹芦笙、跳踩堂、斗马、斗鸟等民间民俗体育项目活动的表演与比赛。如此丰富多彩的项目娱乐活动，展现出了融水苗族民间民俗节日文化的独特风采。其中，斗马的场面最热烈，气氛最紧张，是苗族坡会必不可少、最受群众欢迎的民间民俗体育项目之一。笔者通过田野调查发现，融水苗族地区村寨村民的传统节日中原生态体育项目大多是从生产实践、民俗习俗、宗教祭祀等方面转化而来的，蕴含着深刻的苗族传统文化内涵。笔者将获得的资料与图片进行收集、归类、整理，并对融水民间民俗体育活动项目进行了归类分析，虽然这一分类并不一定科学，但能从宏观上了解到融水节日中民族传统体育活动的现状，以便在开展活动时更好地进行管理。

1. 表演类

这里所说的表演类传统节日体育活动，特指融水苗族地区村寨村民在传统节日中表演本民族民间民俗体育项目和技能的一种活动，如融水苗族系列坡会群里的芦笙踩堂（芦笙舞）、拉鼓、民间武术、舞龙舞狮等表演项目，其中芦笙踩堂是融水苗族群众最具有本民族特色的体育活动之一，该项目不仅促进了身心健康的发展，还充分展示了大苗山村民矫健的身姿。

2. 竞技类

竞技类是一种以竞赛形式开展的，要求体力、技巧、技能较强的传统体育活动。近年来，融水苗族自治县体育事业认真围绕《全民健身计划纲要》，重视群众民间民俗体育活动的开展。目前，融水县城已成功举办了两届少数民族运动会。因此，在融水传统节日中出现了多种民族传统体育项目竞技比赛，如融水龙舟节中的赛龙舟、赛芦笙、抢花炮、摔跤。

3. 休闲娱乐类

融水苗族大多数传统节日中的民族传统体育项目活动是以闲暇消遣、健身娱乐为主的。其活动项目规则不是很严格，场地大小因地而异，如笔者在融水坡会调研发现，坡会中斗马场地与县城斗马场地不同，县城的斗马比赛有较正规的场地，而村寨坡会的斗马比赛则是在一块田地或一块空地上举行。斗马过程的趣味性及感染性，受到群众的极度喜欢，还有在节日中斗鸡、斗鸟、跳芒蒿等。这些休闲娱乐性民间民俗体育活动，寄予了融水大苗山群众的身心需要和情感愿望，也是对本民族文化的弘扬。

（三）融水苗族传统体育文化生态圈构建的任务选择

1. 加强政府支持力度和制定保护政策措施

在经济全球化的背景下，融水苗族与其他少数民族体育文化一样在传承与发展上受到外来文化的冲击，有些项目已面临失传，有的甚至由于传承人的离去而已经消失。因此，传承与发展民族传统体育文化已成为当今社会的热点和难点问题，传承与发展融水苗族传统体育文化也处于同样的情况。如果仅靠社会上一些热心人士，就会因为组织松散、筹措资金有限而难担当此重任。为此，要想加强政府支持力度，各级政府要付出一定的人力、财力、物力建设好苗族特色传统体育文化并逐年提高。除政府的支持外，还要制定有效的保护措施。首先，要充分发挥国家在民族传统体育文化建设中的主导作用，把苗族传统体育文化建设与苗族群众的脱贫致富有机结合起来，走民族传统体育文化建设法治化道路。其次，贫困是生态及其他灾难的根源。苗族一般都住在高寒地区，苗族群众为了生计，被迫去做损害环境并招致长期损失的事情，去开垦和损害边缘性和不稳定的土地，要解决好这些问题，就必须根除贫困这一生态以及其他灾难的根源。再次，对城区发展要体现苗族传统体育文化产业。最后，要与时俱进、转变思想，找准苗族传统体育文化与经济结合的市场支点。

2. 科学、合理运作市场模式，推出区域民族体育文化品牌

2012 年 5 月 10 日，文化部正式发布《文化部“十二五”时期文化改革发展规划》（以下简称《规划》）。《规划》指出：“推动文化产业成为国民经济支柱性产业。”文化产业是指为提升人类生活尤其是精神生活品质而提供的一切可以进行商品交易的生产与服务。而民族传统体育文化是文化产业中璀璨的一员，在民族区域文化产业中起到很大的作用，是投资回报最好的行业之一。近年来，素有“百节之乡”美誉的融水苗族自治县在各个民族传统节日吸引了众多的企业投资，但是从整体思考，其并没有很科学、合理地运用市场模式。因此，依托节日为平台构建民族体育文化

生态圈要结合市场模式，推出民族传统体育文化产品，最后从消费角度看，民族传统体育文化产品已是与日俱增的消费热点。

3. 改善体育基础设施建设

加强民族传统体育文化活动阵地建设，是全民健身计划建设的重要基础内容。因此，自治县应把加强民族体育文化阵地建设作为民族地区加强基层组织建设的重要内容和切入点，通过实施“文化惠民工程”，在行政村逐步配套建设农村公共服务中心、篮球场、斗马场、芦笙坪等具有民族特色的文化体育设施，改变了少数民族地区文化活动场所匮乏的问题，从而在传统节日开展活动期间，既满足了当地举办方的场地需求，又带动了群众的参与积极性，提升了融水苗族“世界苗都”的建设品位，打响了世界级苗族风情品牌，让游客体验苗族传统体育文化的内涵。

4. 以多元化文化教育为基础，让优秀民族体育文化融入校园

“多元文化教育是一种跨越文化边界的教育，反映了人们对社会文化变迁与教育发展轨迹的深刻认识与把握，反映了人们对教育所寄予的促进人类朝着和平、自由和社会正义迈进的美好愿望，是国际教育变革的重要走向。”融水苗族自治县民族传统体育活动项目多，活动气氛活跃，深受广大民众欢迎，融水县城承办的少数民族传统体育运动会，在国内外影响大，特别是在学校影响极大，深受学生喜爱。因此，应该让融水苗族优秀的民族传统体育项目进入校园，如融水苗族的吹芦笙、芦笙舞、拉鼓、舞龙舞狮、划龙舟等，当然还有一些目前已普及的跳竹竿、毽球、跳绳、板鞋竞速、高脚马等项目。这些项目既有较高的娱乐观赏价值，又是非常独特的竞技健身运动，它们不仅增强了青少年儿童的体质，也使一些传统的、优秀的、濒危的民间民俗体育项目得以弘扬和传承，加深了学生对民族传统文化的了解，有利于全面推进素质教育，促进中小学生全面发展、健康成长。

5. 加强挖掘整理民族传统体育项目

挖掘整理是保护与传承民族传统体育文化的手段之一。融水苗族传统体育文化资源丰富，很多传统体育项目至今未被挖掘整理运用到社会活动或者学校中。因此，本书探析构建融水苗族传统体育文化生态圈的可行性，要以科学的规划，挖掘和整理区域民族传统体育项目，这是民族传统体育项目推广、影响的重要前期工作。另外，在融水县城“中国芦笙斗马节”“苗族系列坡会群”等重大节庆上，通过宣传栏、

电视、网络、学校官方等媒体平台，加强对融水苗族民间传统体育文化项目活动的宣传力度，精心打造“民族传统体育特色县”的苗族传统体育文化生态圈品牌。

6. 完善开发民族体育活动项目的形式多样性

体育运动的本源就是形式多样的，符合人类发展的客观规律。民族传统体育文化历史悠久，传统节日众多，在节日里有各种各样的民族传统体育活动项目，其中融水苗族传统体育项目最为突出，主要有芦笙踩堂、芦笙比赛、斗马、斗鸡、斗鸟、芒哥舞等。特别是每年的“中国芦笙斗马节”和“苗族系列坡会群”，开展的传统体育项目比赛热闹非凡，吸引了众多游客，但活动形式较单一，与游客的互动很少，体现不出游客的参与性。因此，在传统节日中应改善民族传统体育活动形式，简化原有的规则，让游客参与其中，体验活动的娱乐性、民族性、健身性及独特性。

7. 完善人才培训体系，建立有效传承机制

据调查，在融水苗族传统节日活动中的一些传统体育项目面临青黄不接、后续乏人的危机，保护和培养人才刻不容缓。每年的传统节日活动项目需要很多与体育相关的人才或者工作人员，由于融水苗族农村文化人才日益缺乏，农村文化骨干和积极分子日益老化，“文化传人”正逐步减少，民族民间传统体育文化的保护和传承形势严峻。农村文化人才的匮乏，成为制约公共文化事业发展、提高的瓶颈。因此，要强化民族传统体育教育培训。目前，融水在这方面的培训少，即使有培训也仅是对村民的口头“培训”，没有制度化、理论化、系统化和专业化。这是远远不够的，必须全方位多层面开展，并从实践规划操作着手实施，具体包括领导培训、村民培训、基层管理者培训三个层次。领导干部培训侧重于民族体育基本理论和理念的加强，村民培训重点抓好民族体育文化观念、服务意识、参与意识与技能培训。只有这样，才能在最短的时间内，提高整体素质，培养自己的人才，适应民族传统体育文化传承与保护的人才需求。

六、构建融水苗族传统体育文化生态圈的未来展望

（一）推动民族文化发展繁荣，提升融水区域文化软实力

《中共中央关于深化文化体制改革推动社会主义文化大发展大繁荣若干重大问题的决定》提出：“文化是民族的血脉，是人民的精神家园。”这表明国家很重视文化的发展。民族文化多数源于民族地区传统节日活动，民族传统体育活动是民族文化

外在繁荣的表现模式。在民族传统节日文化旅游开发中所展现出的独特的民族文化，对推动文化大发展大繁荣起到重要的作用。融水县近几年通过精心策划、周密部署，以城乡结合的形式在全县组织开展了民族传统活动达500多次，打造了“情系苗山”农村文艺汇演和“芦笙斗马节”“融水苗族系列坡会群”等节日，已形成地方特色文化品牌。特别是“芦笙斗马节”使观众震撼和陶醉，得到了专家学者及广大观众的普遍赞誉，各新闻媒体竞相报道。本书依托传统节日为平台构建民族传统体育文化生态圈，将提升区域民族文化的软实力与影响力。

（二）促进招商引资，推动少数民族区域经济发展

当今，传统节庆文化活动所产生的效应也逐渐受到各地方政府、企业和社会各界的深度关注，尤其在推动西部区域经济发展中发挥了重要的作用，形成经济快速发展的“眼球效应”。广西融水苗族传统节日的活动丰富多彩，特别是该地区的“芦笙斗马节”与“苗族系列坡会群”等节日，影响力极大。以此为平台，构建民族传统体育文化生态圈，对融水区域各行各业的物资交流与招商引资起到了推动作用。当地的群众也利用节庆期间生产当地的特色产品，吸引顾客，从而扩大了内需，增加了经济收入。可见，通过系列节日开展苗族传统体育项目活动，使融水民族传统体育文化产业与市场各种土特产品生产相结合，促进了融水苗族地区经济的快速发展。

（三）有利于提高族群对民族传统体育活动的自觉性与参与性

随着科技信息和文化传媒的日新月异，民族传统体育文化面临破坏和流失。当前，对民族传统体育文化的保护还存在某些滞后的现象，尤其是外来现代体育文化的冲击和生活方式的影响，使传统体育文化面临着前所未有的严峻挑战。本书依托节日平台探析构建民族传统体育文化生态圈的可行性。第一，有利于苗族及各族人民真正认识到自身文化的价值，唤醒并强化对本民族传统体育文化的自觉意识及其自信心和自豪感，提升保护本民族传统体育文化的积极主动性和自觉性，形成文化保护与经济发展互相协调、互相促进的良性互动，也让更多的游客了解少数民族区域的民间民俗体育文化。第二，在传统节日中开展民族传统特色体育活动，这与苗族人们的精神和生活息息相关，它根植于耕耘、生产，世代流传于民间，有着旺盛的生命力，如每年的“中国芦笙斗马节”“苗族系列坡会群”“苗年活动”以及各地传统节日中的各类传统体育活动项目，不仅在融水县境内得到广泛认同和普及，而且有利于带动全民参与民族体育健身活动。

（四）促进各民族团结，构建和谐族群

在融水苗族传统节日中构建民族传统体育文化生态圈，反映出苗族的物质生产生活情况、政治、经济、宗教、道德、禁忌等各种文化现象，也展示出苗族与其他各民族文化融合的特点。在苗族系列坡会群活动中也经常会有其他民族同胞的参与，充分表明构建民族传统体育文化生态圈对加强民族团结、增进交流、振奋民族精神、弘扬民族文化、丰富民族生活、增强人民体质、促进民族经济发展等有着重要的促进作用。

（五）促进创建少数民族文化生态保护实验区

依托节日平台构建民族传统体育文化生态圈，从民族文化角度看，首先是保护与传承文化遗产的重要途径之一。通过挖掘、整理、运用将更多的民族传统体育项目融入节日活动中，使本土民族传统体育文化得以存在和发展。其次是有利于促进县城创建少数民族文化生态保护实验区的申报。以“保护为主、抢救第一、合理利用、传承发展”为工作方针，将文化遗产保护的社会效益放在首位。坚持真实性和整体性，防止人们对文化遗产的误解、歪曲或滥用，努力使文化遗产在社会上得到认可、尊重和弘扬。

（六）面向现实，立足自身，与现代主流文化融合

构建区域民族传统体育文化生态圈是民族传统文化与现代主流文化发展的融合迈进。在文化全球化发展中，民族传统体育文化应该从实际出发，把本民族的主流文化精髓、价值取向与现代大众主流文化的多元化文化、科技创新相融合，立足自身的优势，呈现出更多更精彩的民族传统体育文化活动。也只有在现代主流文化的引领下，民族传统体育文化的传承和传播才能满足各民族群众的不同需求，才能获得社会认同并得到创新，从而增强社会凝聚力和对民族传统文化的价值追求，推进民族传统体育文化的发展。

第七章　广西民族传统体育文化资源开发与利用保障机制改革建议

第一节　法律保障与资金保障机制

各级地方政府要充分认识到开发少数民族传统体育文化资源对社会经济发展的重要意义，并要为其开发提供强有力的政策支持，以保障少数民族传统体育文化资源健康有序地发展。在广西少数民族传统体育文化资源的开发利用中，政府部门应当始终坚持“保护为主、抢救第一、合理利用、传承发展”的工作方针，广泛宣传少数民族传统体育文化资源的价值功能，通过多种方式向民众普及少数民族传统体育文化资源保护的相关知识，以政府部门的权威性、规范性来强化民众对保护少数民族传统体育文化资源的重要性认识，最大限度地降低传统体育文化资源所遭受的破坏，确保其在科学合理的开发中得到长足发展。

由于少数民族传统体育文化资源本身具有脆弱性和难以恢复性的特点，如果得不到有效的保护，一旦遭到破坏，则有可能永远消失。因此，政府相关立法部门应出台一系列行之有效的法律法规来约束传统体育文化资源的开发行为，这对推动传统体育文化资源开发向产业化健康发展将会起到十分重要的作用。在广西少数民族传统体育文化资源的开发伊始，就应当高度重视法律法规在开发过程中的重要地位和作用。通过法律、法规的约束力，对出现的各种纠结关系进行及时的调整，为传统体育文化资源的开发提供一个有序的市场环境。此外，政府应在现有法律、法规的基础上完善相关的规章制度，根据各地的实际情况制定切实可行的措施，确保在少数民族传统体育文化资源的开发和保护过程中做到“有法可依，有章可循”，杜绝各种漏洞的出现。

广西地方政府不仅要充分利用政策优势，加强当地传统体育文化资源开发的立法保护和法制建设，还要重视地方立法，以完备的规章制度来明确政府、企业、开发商、社区居民等各个相关主体在资源开发利用过程中的权利和义务，切实做到在

“开发中保护，保护中开发”。还要在完善法律机制的保障下，提高认识，统一思想，深刻意识到良好的法制环境与有序的市场环境对少数民族传统体育文化资源开发利用的重要作用，促进广西少数民族传统体育文化的可持续发展和地方经济的稳健增长。

落实好传统体育文化资源的开发和保护工作，离不开资金的支持。应建立稳定、合理、有效的资金保障机制，通过各种渠道，多方筹集资金。

一、争取国家和地方各级财政的大力支持

随着文化投资多元化格局的日益形成，国家财政支持已经不是维系中国文化事业发展的唯一途径，但它仍然是中国文化事业发展中最重要的保障。少数民族传统体育文化的保护和发展从某种程度上说是为社会提供文化服务的非营利性社会公益事业，接受市场调节的空间较为有限，很难依靠自身积累来满足其保护与开发所需的全部经费，因此积极争取国家和地方各级财政的大力支持就显得十分重要。除争取国家层面的财政支持外，广西各级地方政府也要逐年增加在传统体育文化资源开发和保护上的资金投入，要将其保护与开发经费纳入本级财政预算，并建立相应的资金运行管理机制，注重资金的分配与使用，为传统体育文化资源的可持续发展提供必要的财力、物力支持。

二、建立多元化的资金投入体制

充分发挥非政府组织、民间团体、企业以及个人等各种社会力量的作用，建立多渠道的资金筹集机制。由于广西民族地区经济发展较为滞后，面对众多的少数民族传统体育文化资源，仅依靠政府的力量来实施保护和开发利用，是不切实际的，也是难以实现的，因此需要来自多方面的资金给予大力支持。如果仅依靠政府的财政投入，则难以实现传统体育文化的繁荣发展，但完全依赖市场行为，却又难以保证传统体育文化资源开发的有序进行。所以，政府行为与市场行为的有机结合才是社会主义市场经济条件下发展少数民族传统体育文化资源的有效路径。必须在重视政府“有形的手”作用的同时，充分发挥市场“无形的手”的作用。在政府主导的前提下，通过减免税收、优化投资环境等方式对资金持有者给予优惠，拓展融资渠道，广泛吸纳来自民间组织、企业和个人的资金参与到少数民族传统体育文化资源的保护和开发中来，进一步拓宽少数民族传统体育文化资源的保护与开发资金的来源渠道，走出一条社会广泛参与、多方参与投资的新路子。

三、努力构建国际合作平台

积极寻找和开展国际范围内的少数民族传统体育文化资源保护与开发合作项目，利用国际援助促进广西少数民族传统体育文化资源的开发与保护。众所周知，少数民族传统体育文化，不仅属于本民族的文化，也是世界文化多样性的重要组成部分，还是文化多样性的生动展示。保护和传承少数民族传统体育文化不仅是中国的责任，也是全世界共同的责任和意愿。因此，在广西少数民族传统体育文化的保护和开发利用过程中，应积极争取国际上有关机构合作项目的资金支持，如联合国开发计划署、联合国教科文组织、世界银行等，为自身的发展寻求更多的机会。

第二节　人才保障与利益协调机制

在少数民族传统体育文化资源的保护和开发过程中，人才是不可或缺的关键性因素。少数民族传统体育文化保护与开发利用的各个环节都需要人力资源的支撑，因此有必要在加强各类人才培养的同时，积极构建人力资源保障机制，确保相关工作的有序开展。

一、建立少数民族传统体育科研工作者培养机制

对于少数民族传统体育科研工作者的培养，首先要建立激励机制。通过鼓励创新，对那些在少数民族传统体育科研工作中有突出贡献的研究者和科研团体组织给予一定的物质奖励和政策倾斜，激励他们创造出更多的成果，以推进当前少数民族传统体育文化保护和开发工作的深入开展。其次，要加大在职培训工作的力度。通过聘请国内外相关领域著名专家学者为从事传统体育文化保护和开发的科研工作者举办各类形式的学术讲座和经验报告会，进一步拓展他们的思维，提升他们的科研能力和创新能力，使他们能够紧跟时代步伐、与时俱进，为广西少数民族传统体育文化的保护、开发工作提供更多的智力支持。

二、建立健全少数民族传统体育传承人培养机制

传承人是少数民族传统体育文化继承和发展的主体，是传统体育文化得以延续至今和发展繁荣的重要因素，也是促进少数民族传统体育文化资源开发的关键。建立并完善传承人的培养机制，需要重点做好以下两个方面的工作。一是在完善现有

传承人命名机制的基础上，强化传承人的激励和保护机制。当前需要进一步完善适合广西地区少数民族传统体育文化传承人的保护制度，进而明确传承人的地位，在技能传授、生活补贴、设备更新等方面给予传承人必要的资助，解决传承人的福利待遇，鼓励他们对后人进行传、帮、带，努力培养和造就新一代传承人；同时要做好传承人的认定和培训工作，在社会地位、经济保障、专业技术资格等方面给予传承人政策支持和制度保障。二是建立和完善传承人发掘、培养机制。通过调查摸底，来全面掌握少数民族传统体育文化传承人的整体情况，并为这些民间艺人建立个人档案，鼓励和支持民间艺人积极申报各种层次的传承人，进一步壮大传承人队伍。要积极帮助民间艺人建立传统体育文化的传承培训基地和师徒关系，通过授课、带徒授业等方式培养接班人，提高他们的知识技能和文化水平，使其技艺能够得到完整的传承。此外，还可以把少数民族传统体育引入当地的学校中，邀请少数民族传统体育传承人到学校讲学或开设相应课程，从小培养青少年对少数民族传统体育的兴趣，确保少数民族传统体育的传承后继有人。

三、建立少数民族传统体育文化开发与管理人才培养机制

广西少数民族传统体育文化的开发利用需要一大批掌握民族学、旅游学、经济学、管理学、文化产业等各方面知识的综合性人才。这些人才不仅要对少数民族传统体育文化内涵有深入的了解，而且要具备文化遗产开发和经营管理方面的能力。目前，广西少数民族传统体育文化资源开发工作的滞后与该领域专业人才的匮乏有较大的关系，因此通过各种途径建立有效的人才培养机制，是确保少数民族传统体育文化开发工作顺利推进的重要保障。人才培养可采取送出去培养和自己培养相结合的方式：一方面，可选拔优秀人才到国内外著名高校和企业学习或挂职锻炼，吸收、借鉴外面先进的开发技术和经营管理理念并运用到实际工作中，进一步提升少数民族传统体育文化资源开发利用的绩效；另一方面，可依托广西地区高等院校和职业教育机构的资源，根据人才培养需要开设相关专业方向，对少数民族传统体育文化开发和经营管理方面的人才进行培养，全面提升专业人才的理论素养。通过以上措施建立一支高素质的人才队伍，为广西少数民族传统体育文化资源的开发利用提供强有力的智力保障。

少数民族传统体育文化资源在开发与保护过程中，涉及多部门和多方面的利益，这些利益者之间的合作也都是建立在追求共同利益的基础之上，以实现各自利益最大化为最终目标的。因此，协调众多利益相关者之间的关系，满足主要利益相关者的权益要求，并合乎情理地对待其他利益相关者，就成为少数民族传统体育文化资

源开发与保护的核心内容。所以，少数民族传统体育文化资源要实现可持续发展，就应当以利益相关者理论为指导，建立一套与之相适应的资源开发和保护利益协调机制，来协调资源开发和保护过程中多方合作者之间的利益关系。

目前，旅游开发是广西少数民族传统体育文化资源开发利用的主要形式。这种依托当地秀美的自然风光和独特的人文风情，以少数民族传统体育文化为重点展示内容的旅游活动，吸引了大量旅游者。但在具体开发过程中，也存在着一些问题，尤其是利益分配上的问题。广西的少数民族传统体育文化资源主要集中在少数民族聚集的民族村寨。在这些地区做开发，理应将文化拥有者的村寨居民认定为旅游开发的受益主体，但是事实却不尽如人意。在调研期间，笔者发现，目前以村寨为载体的开发，其收益一般是按一定比例在政府、企业、村委会和村民中进行分配的。政府、企业的收益偏多；参与开发的村寨居民由于缺少话语权，属于弱势群体，收益分配偏少。这种不合理的收益分配方式引发了一系列的矛盾与冲突。因此，在少数民族传统体育文化资源的开发过程中，要及时处理好村寨居民和其他利益主体之间的关系，构建合理的利益协调机制，唯有如此才能切实保障少数民族传统体育文化资源开发工作的顺利开展。

采用股份合作制来进行利益的协调分配，是一项可行之策。它以“风险共担、利益共享、多投多得”为原则，引导当地居民将本民族文化、土地、房舍、土特产制作工艺、劳动等量化为股本入股参与开发，利益分配前提取部分资金作为公积金，用于基础设施的建设与维护、产品的开发与营销、民族文化的传承与保护、环境保护与景观整治等，确保扩大再生产；剩余资金以按股分红和按利分红相结合的方式进行利益分配，保证少数民族居民按照自己的股份获得相应的利益收入。这种机制把各个利益主体的权、责、利有机结合，能有效促进社区参与，在优先保证当地居民对文化开发项目及相关服务经营权的同时，形成以企业为龙头的产业开发经营管理体系，加强对当地资源开发的控制力，避免当地利益“外泄”，同时使当地居民能够获取持久的、最大化的经济利益。

第三节　宣传营销与科学决策机制

民族传统体育文化旅游产品的生产以民族文化资源为依托，以旅游市场消费和经济效益为最终目标，它的促销是现代旅游营销的主要内容，是为了激发旅游者的旅游欲望，影响他们的消费行为、扩大旅游产品的销售而进行的一系列联系、报道、说服等促销工作。旅游与文化宣传联姻是一个非常有效的手段，要运用舆论工具、传媒来宣传旅游环境的优势、项目，提高知名度。另外，旅游产品的开发、推销，也要靠宣传和广告。要把广西建设成为特色鲜明、设施完善、服务一流、驰名中外的旅游先进省区，把民族传统体育文化旅游业培育成为广西的产业之一和新的经济增长点，宣传促销工作至关重要。

一、在民族传统体育文化旅游宣传促销中实施政府主导型战略

民族传统体育文化旅游业有着良好的发展前景，市场的规模也在不断扩大，但并不意味着一个国家、一个地区的市场份额一定会随着旅游市场的扩大而增加。能否把旅游市场规模的扩大变成对广西民族传统体育文化旅游产品需求的增加，不但取决于民族传统体育旅游产品是否适销对路，还取决于宣传促销是否有力、得法。由于旅游业的综合效益以及对经济发展的巨大推动力，旅游市场竞争日趋激烈，已由企业间的竞争发展到了地区间、国家间的竞争。这就在客观上要求政府给予更多的重视，投入更多的人力、财力，进行更有效的组织协调，以便在竞争中获得更多的市场份额。

信息传递的载体多种多样，从政府到各行各业、社会各界和公众，都可进行民族传统体育文化旅游得宣传促销。民族传统体育文化旅游产品不仅有本地区的特性，一般都能跨地区、跨部门、跨行业，关联度高、综合性强，需要联合不同的地区、部门、行业共同开展宣传促销。信息载体的多样性、广泛性以及民族传统体育文化旅游产品的关联性、综合性，在客观上需要政府进行有效的引导推动、协调，集中各部门和全社会的力量，形成比旅游部门和旅游企业独自开展宣传促销强大得多的攻势。

经济、体育全球化、知识化的发展趋势也在呼唤着政府主导型战略的实施，要求政府在旅游宣传促销上发挥更大的作用。在旅游宣传促销中，实施政府主导型战略，就是要重视宣传促销工作，将其摆到重要的位置来研究、规划、组织、协调和推动，调动相关部门的积极性，在经费和人力等方面给予必要的支持，甚至直接参与一些大的宣传促销活动努力提高宣传促销效果。

二、加强民族传统体育文化旅游市场调研，把握市场脉搏，使宣传促销事半功倍

调查研究是马克思主义认识论的实际运用。开拓民族传统体育文化旅游市场，首先必须将市场调研作为宣传促销的有机组成部分和前提条件，把宣传促销工作建立在扎实的市场调研基础上，运用科学的方法和手段，加强市场调研，并据此对民

族传统体育文化旅游市场进行科学的分析和预测，宣传促销工作才能从实际出发，有计划、有步骤、有针对性地进行。

旅游需求的多样化和激烈的市场竞争也要求旅游部门和企业重视并搞好市场调研。社会的不断发展使旅游消费的个性特征日益明显，旅游企业和部门不仅要了解旅游者显而易见的现实需求并设法予以满足，更要分析、掌握旅游者对民族传统体育文化旅游的潜在欲望和心理动机，还要了解各种竞争因素，看清竞争对手的实力，这样才能采取相应对策，获得竞争的主动权，保持和扩大市场份额。

三、制定宣传促销总体方案，提高宣传促销的科学性、系统性、计划性和连续性

根据广西民族传统体育文化旅游市场情况，结合自己实际，制订一个宣传促销总体方案。对周边市场怎样开发，远程市场怎样开拓，如何巩固和发展传统市场，如何开辟和培育新兴市场，各类市场的需求是什么，广西民族传统体育文化旅游产品开发如何与市场需求相适应并系列推出，今年做什么，明后几年做什么，旅游部门、企业、相关行业如何围绕总体目标开展工作，几年内各种宣传促销如何有机联系、相互配合、形成合力、整体推进等重要方面进行富有创意的策划、科学的设计和系统的安排。克服“各自为政、孤立零散”“宣传促销无长远计划，想到什么做什么”“蜻蜓点水、打一枪换一个地方，无叠加效果”等无系统性整体性的被动促销状况，使宣传促销工作产生“1 + 1 > 2”的放大效应，这样才能事半功倍。

四、完善宣传促销手段，增强宣传促销效果

在市场调研和设定市场目标的基础上，实行“民族传统体育搭台、经济唱戏”，坚持“走出去，请进来”相结合，通过在国内外举办旅游说明会、推介会，参加国际国内旅游交易会、展销会、博览会，开展面对面地、直接宣传促销，要不断地进行市场跟踪，保持和加强与当地旅游批发商的联系，把业务合作推进到实质性阶段；邀请旅游商、新闻记者前来采访；利用电视、广播、报刊、音像制品宣传资料等媒体广泛宣传广西旅游形象，如尽快拍摄一部高水平的引人入胜的广西民族传统体育旅游专题片；编印一批高质量的宣传资料及富有魅力的招贴画，译成英、法、日、韩、越等语言，积极推销广西民族传统体育旅游产品；加强旅游企业间的民族传统体育业务合作与交流等，仍然是目前最主要的宣传促销方法，也是经过实践检验较为有效的方法，应继续坚持。同时，应不断完善，把劲用足，争取获得更好效果。

五、利用国际互联网络进行宣传促销

民族传统体育旅游是一项信息密集型产业，其产品的形象宣传和产品促销中更多地呈现为信息状态。因此，推动民族传统体育旅游产业生产方式的变革、不断将高新科技导入旅游业，加强广西民族传统体育旅游产业信息化建设，是当前亟须解决的问题。

以多媒体、数字压缩技术和光纤、卫星通信技术为主要标志的计算机国际互联网络为民族传统体育旅游信息传播提供了前所未有的新途径。积极掌握和运用这一现代传播技术，利用其信息量大、传播速度快、覆盖面广、具有高度开放性的全球互交性的优势，尽快在网上开展具有更强攻势的宣传促销，让世界更好地了解广西，更好地了解广西的民族传统体育文化，更好地开拓国内外市场。在国外，通过网上了解旅游资源、城市概况，查询旅游线路、价格，预订机票、客房等已不是什么新鲜事情，国内也有一些旅游部门、企业开展了网上宣传活动。广西旅游部门应当充分认识其重要性和紧迫性，奋起直追，迎头赶上，把宣传促销尽快提高到一个新的水平。

由于体育文化旅游与人们的生活需要紧密地联系在一起，它可以长期地、重复地进入旅游的流通市场和消费领域。这样，体育文化旅游的老化速度会相应地缓解，民族传统体育文化旅游产品的寿命周期也会相应延长。

“科学的决策能找到解决问题的最佳方案，使目标得以顺利实现”。科学的开发决策机制是一种科学的、负责任的决策机制，它要求由一个科学的开发决策领导小组，在对拟开发的项目进行精心评估的基础上，完成对拟开发项目科学、合理的决策。这个机制包括三个重要内容：第一，成立科学的决策领导小组；第二，精心评估资源；第三，做出科学的决策。以上三个方面缺一不可。

在广西少数民族传统体育文化资源开发中，要建立科学的开发决策机制。首先，应成立一个科学的领导决策小组。这个小组应当由当地政府、专家学者、开发企业、社区居民等多方参与组成。其次，在本着客观、公正、严谨态度的基础上，对广西少数民族传统体育文化资源的开发价值、开发潜力、开发条件等进行科学的评估。再次，在对资源进行全面深入了解和系统分析的基础上，找准具有“高开发价值、大开发潜力、易开发条件”的资源，作为拟定开发项目。然后，经过新一轮严格的讨论、表决，最终选定适合开发的项目，结合项目涉及资源所在地的实际情况编制科学合理的开发规划，其中包括编制开发的总体规划和详细规划，详细阐述开发思路、总体目标、阶段性进展、保障措施、成果价值评估等内容，形成一个最终的开发决策，指导广西少数民族传统体育文化资源的开发建设。

第四节　多层合作与开发监督机制

在对广西少数民族传统体育文化资源进行开发时，必须树立“共赢、共荣”的理念，积极构建多层次的合作机制。

首先，在思想观念上必须形成“共赢、共荣”的理念，重视多层次合作，形成联合开发的思维。合作关系形成的前提是优势互补，推动合作关系发展的动力是合作主体能够在合作过程中实现利益共赢。以互利共赢的理念来指导广西少数民族传统体育文化资源的具体开发，可以使地方政府、开发企业、社区居民在遵循共同的规则的前提下下进行有序竞争、主动合作、科学开发，以达到良性竞争、优势互补、共赢发展的目的。只有在“共赢、共荣”新理念的指导下，才能摒弃狭隘的地方保护主义及恶性竞争局面，最终达到“双赢”与“多赢”的目的。

其次，在合作机制上，应该建立多层次的合作机制，实现多层次开发合作。第一，从区域合作层次来看，应以更加开放、包容的姿态积极参与到区域合作开发之中。广西少数民族人口聚居较为密集，地缘关系密切、自然条件相似、生态环境较为相同、人文习俗相近、发展水平相当，是一个在自然环境和社会发展特征方面都具有较强同一性的相对完整和独立的地理单元。该区域的民族文化具有相似性，是构建广西少数民族传统体育文化圈的内在动力。桂、滇、黔三省区之间应该抛弃固有的地域保护与区域限制的观点，通过努力构建广西少数民族传统体育文化圈等合作方式，实现区域联动发展。第二，政府应该加强宏观指导，完善促进区域合作开发的相关政策，提供实现区域合作的指导思想，以实现区域之间资金、人才、技术的合理流动，形成跨地区、多方位、多层次的合作。在实际的开发过程中，应实现三省区之间的信息互通，形成一种沟通机制，避免出现重复开发、相互竞争的局面，对三省区都具有的资源，应该实现联合开发、区域合作，最大程度地节约开发成本和资金。

再次，要求从事广西少数民族传统体育文化资源开发的开发商和开发企业要有创新意识与开拓精神，要有合作精神和互利共赢的观念，要有发展大企业、大产业的觉悟。注重产业之间的联动与协调，走产业合作之路，进而形成产业链，实现多产业之间的联动发展。在具体的开发过程中，应注重与体育产业、文化产业、旅游产业、创意产业、教育产业的联动发展，通过“体育带动、文化触动、旅游发动、教育推动”等方式来促进广西少数民族传统体育文化资源的合理开发与高效利用。

广西地区少数民族传统体育文化资源是中国众多宝贵文化资源中的一部分，为了更好地保护与传承文化资源，实现文化资源可持续、健康的发展，不仅要在开发之前进行精心评估、合理规划，还要在开发之后的经营管理中建立相应的机制，对其进行监督与管理，完善的资源开发监控机制是保护与开发传统体育文化资源的重要保障。在广西少数民族传统体育文化资源的实际开发中，完善的监控机制，可以有效地监督政府、企业在开发过程中的行为以及经营者在后续经营中的行为，避免出现政府与企业相互勾结，忽视社区居民利益，肆意破坏传统体育文化所在地自然人文生态环境的行为。广西在少数民族传统体育资源的开发利用中，构建有效的监控机制需从以下几个方面入手。

第一，加强行政监控。政府是拥有行政权力及执法权力的官方机构，在对广西少数民族传统体育文化资源的开发过程中，以及开发后的经营管理中，必须充分发挥政府的行政权力及强制作用，做到自上而下的行政监督以及各执法部门之间的相互监督，保证客观、公正地实施监控过程，确保资源开发合理、合法。同时，还应加强政府对相关企业开发过程和经营管理过程的监督，杜绝开发过程中破坏资源情况的出现。

第二，应加强公众舆论监督。所谓公众舆论监督是社会公众通过各种方式的监督，其中主要是通过各种新闻媒体（大众传媒）的方式进行监督。舆论监督具有控制功能，以舆论、宣传、教育影响和引导企业、公众的价值观和行为方式，预防和制止对社会责任的忽视。在广西少数民族传统体育文化资源的开发过程中，应当重视公众舆论的监督作用，保证大众的言论自由。只有这样才能确保舆论监督的顺利开展，防止政府行为出现偏差。公众舆论监督所形成的既无形又巨大的舆论压力，能有效制约国家公职人员权力的滥用，使国家机关的公职人员不擅用职权，尊重普通劳动者，真诚服务于公民。同时，公众舆论也能有效监督企业和开发商对传统体育文化资源的开发经营活动，对一些不合理的开发行为进行曝光和监督。

第三，为了确保广西少数民族传统体育文化资源开发利用的可持续性，还应建立以第三方机构为主的监督与评价组织。传统体育文化资源的开发涉及的利益主体众多，政府与开发商以及社区之间的利益相互交织，如果仅以政府或者开发商作为资源开发效果评估小组的组织主体，可能会造成专家小组的成员带有明显的行业色彩，有失评价的公正性与客观性，不利于对传统体育文化资源开发工作进行监督。因此，我们应该建立以第三方机构为主的资源评价机构，对资源的保护与开发、传承与发展进行监督。评估机构成员应由不同研究领域的专家学者组成，具有独立的法人地位，拥有一套自我监督与约束的机制，且必须获得国家相关部门的认可，才能保证评价的公正性、客观性以及权威性。

综上所述，广西少数民族传统体育文化资源丰富、历史悠久、特色鲜明，具有诸多方面的功能作用，极具保护与开发利用价值。合理开发利用少数民族传统体育文化资源，是新时代背景下实现广西民族地区传统体育文化保护和发展的重要途径。当前，该区域少数民族传统体育文化资源在具体的开发利用过程中，需要人们从以上三个方面建立起一整套有效的保障机制并充分考虑各利益相关体的利益诉求，使开发利用工作切实得到各方力量的积极参与、支持，以实现广西少数民族传统体育文化资源开发利用的可持续性，进而产生更为显著的社会经济文化效益。

第八章　全球化背景下我国民族传统体育的走向分析

第一节　体育全球化对我国民族传统体育的影响

在全球化充斥着地球每一个角落的今天，任何一种文化的发展都注定是多边的，动态的，文化将会伴随着社会的发展同步进行。体育文化作为文化的一个分支，也必然会受到全球化这个浪潮的影响。面对全球化的浪潮，当前中国民族传统体育文化表现为振兴、衰退和变异三种现象并存。

一、民族传统体育文化表面的振兴和潜在的衰退

体育作为现代社会文化也越来越受到“全球化”的影响，与全球化的政治、经济、文化现象紧密联系在一起，呈现出体育全球化的趋势。体育全球化以西方价值观念为主导，形成了对民族传统体育进一步的冲击。从过去一百年来西方体育在全球体育中的霸主地位可以看出，这一冲击在未来并无减弱之势。由此可见，体育全球化过程向民族传统体育的发展与创新提出了挑战，在一定程度上威胁到民族传统体育的保护。

体育全球化使民族传统体育陷入了二元困境：或者完全以西方体育文化为中心，或者以一种狭隘的保护民族特色为理由，抗拒西方体育文化，在自我封闭和膨胀的想象中生存。

1. 民族传统体育的消亡

民族体育是人类社会生活的组成部分，同时也是滋生现代竞技项目的沃土。“在西方式的现代化转化为一种全球的或普遍的、具有巨大影响力的过程中，它变成了一种推动力。在这个综合过程中，不仅地球的一半被欧洲人殖民化，而且‘单维度

的进步秩序’被强加于具有众多民族的世界。”[①] 作为现代体育主体的西方体育在世界范围内传播时，明显地处于强势的一方。在发达的资本主义国家，与体育发展关系密切的经济运动机制相对完善，为占据霸权地位提供了雄厚的物质保障。在雄厚的物质保障的背后，还有一个强有力的“制度”保障——市场经济运动机制，完全迎合了现代体育，特别是现代竞技体育的发展需要。因此，在体育全球化的过程中，形成了对民族体育的围攻之势。随着西方化体育的不断扩展，人们自然形成一种西方化的语境和话语系统，习惯性地按照西方化的标准将本民族体育与西方体育比较，因而得出了许多“积极的”结论：民族文化的落后性。在一个国家或民族，体育资源是有限的，西方体育的引入，远远地超过了对民族体疗的体育资源需求。因而使民族体育赖以生存与发展的可利用资源短缺，从而影响了民族体育发展，有的甚至是毁灭性的。特别是早期由西方国家主宰全球化往往是伴随着军事征服和建立殖民地而进行的，并且这种单向全球化倾向从客观上讲，西方体育已经形成了相对强大的优势群体，进而在输出国培育当地的“比照集团”，如西洋体育传入中国时在洋学堂中开展体育活动，从而起到“辐射”和引导作用。

2. 民族传统体育的西方化

体育全球化，在打破西方体育与民族体育平衡的同时，会加速民族体育的自然消减，即同化。当然，这一过程不乏积极因素。但是，必须看到的是，这一同化最终将导致民族体育的西方化。将整个民族体育体系按照西方体育的模式来发展，进而使民族体育丧失其最可贵的民族性。在体育全球化的过程中，以美国为首的西方既是全球化游戏的主角，又是这场游戏的规则制定者，还是这场游戏的主裁判[②]。因而，自然地形成了有利于西方体育发展的游戏规则，在此游戏规则下的民族体育发展将受到许多不符合民族体育发展规则的制约，这在很大程度上也会阻滞民族体育的发展。

在全球化日益加强、西方体育在中国大肆盛行的今天，保护民族文化遗产开始被大肆呼吁，人们开始关注民族传统体育文化，期望能使他们得到发展和振兴。20世纪80年代中期以来，随着改革开放以及奥林匹克文化在中国的深入普及，伴随着这种强烈的文化冲击，我国民族传统体育文化也开始进入了一个崭新的阶段。一些有识之士认识到发展民族传统体育文化的重要性，开始系统、全面地着手挖掘我国传统体育的深刻内涵和价值，期望打造中国民族传统体育文化的品牌效应。

首先对民族传统体育的项目、内容进行了系统的整理，除了汉族的传统体育项

① 卜松山．普遍伦理与跨文化对话 [J]. 读书 ,2001（11）:34.

② 万俊人．全球化的另一面 [J]. 读书 ,2000（1）:9.

目之外，还有少数民族如蒙古族、哈萨克族等的传统体育项目，使之形成一套完整体系；对武术、风筝等项目进行系统的分类和内容重组，在保留本民族特色的同时把比赛形式分为竞技类、艺术类、表演类等等。与此同时，中央和地方都设立专门的机构，对民族传统体育进行大力推广。

其次，大量建设民族地区的传统体育设施，注重培养传统体育人才。全国大部分体育院校都成立了传统体育文化系或专业，为传统体育文化的发展提供了必要的人才保证。一些国家重点体育院校还不定期地开办民族传统体育交流大会。

再次，广泛开展民族传统体育文化活动。许多地区对传统民族体育节开始重视，利用一些节日推广传统体育文化。不少地方开办了各式各样的体育文化节、体育表演会和体育比赛活动，这些活动都着力体现出了很强的民族特色。

最后，许多少数民族正大力发展体育文化产业。如一些民族地区依据本地区举办的各种体育赛事和盛会，大力打造民族传统体育文化的品牌效应；一些具有鲜明民族特色的传统体育服装、饰物和器材，逐渐进入国内和国际市场；在此过程中，也将自己本民族传统体育文化的内涵、民族特色风格等展现给世人。同时，民族地区利用自身独有的旅游资源，辅之以当地民族文化和体育文化的内容，发展了经济，也发展了自身的文化。但是在这民族传统体育振兴的深层却隐含着衰退的潜流，这种评价似乎是矛盾的，但又的确如此。

影响民族传统体育衰退的原因如下。

1. 文化传承的缺陷

体育的起源和发展都离不开其文化基础。中华民族很早就在特定的地理环境、社会生产和生活的条件下创造出自己独特的文化体系。“天命”哲学下的“天人合一”思想在历代文人的阐述和完善中，久而久之地积淀为中华民族的心理结构、思维方式。中国有近千项民族民间传统体育运动项目，其数量和形式堪称世界之最。它既包括汉民族的民间游戏和少数民族的传统竞技，也有各民族中普遍开展的项目。它所具有的休闲娱乐性、轻松趣味性和实用世俗性，以及浓郁的民俗风情，从被现代体育所充斥的社会中脱颖而出，逐渐吸引着大众的目光。在改革开放以前，我们没有充分认识到这部分内容作为中华民族宝贵的传统文化遗产的价值。改革开放以来，各民族共同喜爱的传统体育项目如龙舟竞渡、风筝、拔河、秧歌、舞狮舞龙、踢毽子、太极拳等焕发了活力。政府还特别重视开展少数民族传统体育运动，如蒙古族的摔跤、赛马，回族的木球，藏族的赛牦牛，苗族地跳芦笙，壮族的“投绣球”，朝鲜族的跳板，满族的冰嬉，侗族的骑木马，瑶族的打陀螺，高山族的背篓球，哈萨克族的“姑娘追”，布朗族的藤球，等等。这些项目不仅具有很强的健身价值，而且还有很高的艺术价值和丰富的娱乐、教育功能。但是，这所有的项目并没有被很好地传承下去，可以说发扬的还不够，并不是被人民大众普遍的流传。究其原因，这与它的传承方式有关。首先，传统的“口传身授”传授方式使民族传统体育只局限于小范围内的传播与推广。我国民族传统体育在其发展过程中一直不愠不火，这主要是由于师徒之间口传身授的传承特点为不公开、不透明、不标准。以武术为例，传统的师傅带徒弟，只是一个人带一个或几个人，对更多人则防范如防贼。非标准化使得传播内容故弄玄虚，师傅说出来的话也晦涩难懂，徒弟凭着自己的悟性来理解，因此出现不统一的现象。从而出现不同的门派，且彼此间互不相容，都认为自己的才是正宗的，导致人民大众不知道该去从事哪一家的项目，使其失去了广大的受众群体。其次，普及度不够。各民族项目只是在各民族中普及，并没有很好的传播到其他民族，甚至是全国，所以他的价值并不能被其他民族所认识。

2. 转型道路的曲折

百年来，中国体育逐步实现了由传统体育向现代体育的转型。20 世纪上半叶的中国民族体育曾卷土重来。20 世纪 30 年代，由于在国际体育竞赛中成绩太差，引发“土洋体育”的讨论，当时就提出了建设“民族本位体育”的要求。后来在全国性运动会上也改编和添加了一些民族体育项目，但由于历史的原因，都昙花一现。在过去的十几年中，各省、自治区、直辖市体委文史办公室都把民族体育资料的挖掘、整理纳入下作范围，力图使民族体育的发展走上科学的轨道。但是，由于缺乏对民族传统体育学科体系发展的整体视野和整体规划，学科研究多被局限于以单科推进、学科的局部开发替代学科整体格局的系统运筹，且研究成果单一，没有形成学科战略意识和学术研究环境与氛围。学科建设中的问题还相当严重。目前，民族传统体育学仅仅初步确立了应有的门类和框架，在很大程度上尚落后于其他学科的发展。从民族传统体育学科主干（武术、养生等）建设来看，从深度来说，还不能按学科建设的严格原则和标准进行具体规划和落实。在整个体育科学体系中，民族传统体育学科特别缺乏独特的一整套概念、范畴、命题和研究方法。由于我们对这些的疏忽，致使在其中忽冷忽热，流于形式的现象严重。

迄今为止，对于中华民族传统体育的振兴，主要的方法就是挖掘、整理，这种方法在保存民族体育文化遗产等方面也无疑是有意义的。但挖掘、整理出来的中国传统体育文化不能被进一步转达为现代社会的理念，并为现代社会所用，那么它就永远只是历史。研究的真正意义不仅仅在于拓展中国传统体育项目，而是在于要转达这些传统体育项目中所包含的思想和理念中已被认识的价值，表明它们值得被人接受的诸种理由，使他们符合现代社会的需要。实际上，要使中华民族传统体育研究有长足的发展，关键的并不是穷毕生精力去发现新材料，而是用最新的现代体育理论去解释那些已经发现和整理好的现成材料，并使它在实际生活中得到传播和应用。

民族传统体育理论的建立是需要解决体育有助于人类长远发展的理念问题。目前，由于民族传统体育的理论困境——对功能、原理、方法论等问题缺乏更为深入的研究，使得民族传统体育活动在余暇生活中出现停滞不前。

3. 西方体育文化的猛烈冲击是

中国民族传统体育产生的经济基础是自给自足的农业经济。在全球化的社会背景下，社会的结构内涵发生了显著的变化，民族传统体育赖以生存的基础面临着崩溃。同时，又由于它所蕴含的文化内涵与世界主流体育文化——奥林匹克文化相去甚远。从本质上来看，中国传统体育认知更强调伦理与道德，奥林匹克体育则重视个性的张扬；从构造上来看，中国传统体育更重视和谐与统一，奥林匹克体育更突显对于局部美的体现；从目的上来看，中国传统体育是养生与保健，而奥林匹克体育则强调在竞争中取胜。从宗旨上来看，中国传统体育旨在战胜自身弱点、超越自我，奥林匹克体育则旨在战胜对手，超越对手；从特点上来看，中国传统体育注重娱乐性和表演性，而奥林匹克运动则注重竞争性。从传承方式上来看，中国传统体育主要靠的是小范围内的、手工作坊式的、口传身授的传授方式，而奥林匹克体育则靠的是大范围的、工业化流程方式。

同时，在面临奥林匹克文化这一主流文化冲击时，我们渐渐的接受这种异质文化并在国内开始普及和推广，中小学以至于大学教育都把西方体育项目作为教学内容；而另一方面，民族传统体育虽然看似红火，但实际收效甚微，它的大肆宣传与推广是游离在人们社会生活之外的，民族传统体育项目的普及率并不高，参与者也为数不多，并没有形成一种潮流、趋势。所有这些都使我国的民族传统体育的生存空间日渐减小。

二、民族传统体育项目的改良

首先，现代体育的全球化表现为奥林匹克文化的全球化，但这种全球化的内涵不只限于奥林匹克文化本身，它必然以自身文化发展的特殊方式渗透到社会的各个领域。随着它与人们现实生活结合得越来越紧密，突出地体现出深刻、复杂的综合文化内涵。奥林匹克文化全球化发展模式和体系的建立，实现了世界范围内所共同认可并遵守的体育文化生存规则。其次，现代体育文化的全球化表现为多元优秀体育文化的全球化。这个过程的实质就是把不同民族传统体育文化放置于一个广阔的世界平台上，在世界体育文化生态系统中形成多元规范，包含大量民族传统体育精神内涵、现代文化的发展理念和多元价值标准，这实际上就是表征为以多元的发展体制或形式存在的体育文化体系。最后，实现奥林匹克文化与其他优秀体育文化的多元化生，形成一种富有深刻内涵，充满生机与活力的，与时俱进的世界体育文化生态系统。可以说，体育全球化就是将多元体育文化回归，使多元优秀的体育文化在这一背景中实现不同层面的契合，从而满足人们对体育文化的多样追求。因此，今天体育全球化在很大程度上表现为奥林匹克文化的全球化。那种实现不同优秀体育文化多元化的世界体育文化生态体系模式还处于相对弱势的地位。这其中主要原因是奥林匹克文化的经济一体化、科技一体化逐渐迎合了时代发展的主旋律，使不同的人群都能够从中获得最人的收获。[①] 不可否认，以奥林匹克为代表的西方体育文化已成为世界上受众最多影响最大的一种文化现象。她所具备的古老内涵以及所具备的现代“更快”“更高”“更强”的内涵都是给人们奋进、进取的动力来源。“但随着文化全球化的深入，以及多元传统体育的文化结构的转型和重建，一种契合未来时代精神和民族精神的世界体育文化生态体系必然会具备深刻的发展品质，成为未来体育文化发展的唯一方向。”[②]

中国竞技体育的长足发展使得中国逐渐在世界和世界体坛占据重要位置的同时，人们也期望在几千年文化积淀基础上产生的民族传统体育文化能够为世人所接受，希望能像奥运会的普及率一样，融入各个国家、各个民族的社会生活中，而不是日渐的萎缩，直至消亡。同时，人们也希望借由我国传统体育这块来解决奥林匹克文化和西方其他体育形式中存在的危机，希望用厚重的人文内涵来规范奥林匹克文化的发展。因此，不少研究者以武术为契机，开始对武术进行物质、制度和精神文化层面的改革。此时，更多的研究者开始系统地对武术进行了“质”的提升，在传统武术之上发展的搏击、散打就是改良后的成果。虽然它们增强了本身的竞技性，对一些技术和裁判指标进行了量化，但是却没有像想象中的发展起来，对外依旧无缘奥运，对内也并没有增加它的受众群体。“西体中用”所带来的后果就是更加边缘化了我国的传统体育文化。但是，并不是说改良就没有他的可取之处，关键是要把握住每个项目的内涵和特性，从而对它的发展给予更合理的规划。另外，并不是所有的项目都要走进奥林匹克运动会，适合改良的可以去进行改造，以此进入奥林匹克

① 宋亨国，周爱光．论体育全球化与新世纪中国传统体育的文化身份[J]．体育文化导刊，2006（2）:21.

② 同①。

这一主流体育文化圈；但是不适合的就应该另谋出路，发展成民族可以永世传承的项目也不失为明智的选择。越是民族的，越是世界的。

第二节 全球化背景下民族传统体育的原则与途径

一、民族传统体育在体育全球化背景下发展的原则

（一）保持民族传统体育文化的“民族性特质”

不同民族有各自的文化发展模式，任何民族都不可能将自己的文化模式强加于其他民族。因为文化模式是特殊族群在不同的社会环境、历史背景等迥异的条件下产生与发展起来的，所以文化模式反映出的也应该是一种文化特质、内容相互结合时的特殊形式。这种特殊形式也应该反过来反映着各种不同文化内容的结构性特征，并与其他民族、其他地域或国家的文化区别开来。文化模式所体现的文化特质就是一个民族独有的特色，以此达到实现具有鲜明地区特色的有别于其他民族、区域和国家的文化特点的目的。

基于此，我们的民族传统体育文化发展模式首先应该确立民族传统体育的“民族性”特质，只有在这种理念的指导下，我们构想民族传统体育文化模式才可能更切合实际。相反，发展民族传统体育的美好愿望，则会成为空中楼阁。尽管全球化发展浪潮在不断地强化，体育文化作为较早实现这一目标的文化分子，也已基本实现了全球化的雏形（成为奥林匹克运动会项目），但承载着完全民族文化情结的民族传统体育文化，它的根基和表演平台却始终与民族的文化、政治、民俗、宗教、礼仪、道德等紧密相连。作为原创文化的民族传统体育，它同样与民族性格、地域环境息息相关。所以，我们构建民族传统体育的文化模式，首先应该考虑它在发展进程中的“民族性特质”的保持和延续。只有做到这一点，我们的民族传统体育发展的根基才能更加巩固和坚实。所谓保持民族传统体育的“民族性特质”，一方面应该在其产生、发展的环境中，选择其更好的发展途径，也就是要保持其“区域民族特性”；另一方面，在向外文化渗透、碰撞和融合的进程中，保持民族传统体育的原创文化精髓。

所以，必须建立在继承和发扬民族传统体育的同时，保持民族文化的鲜明特色是实现真正民族文化复兴的最重要的理念。

（二）坚持“文化筛选”的原则

文化的发展实质是实现原创文化当代性的变迁，这就是文化学者所阐述和证实的“文化具有变迁性”。文化既具有稳定性又有变动性，稳定性是相对的，变动性是绝对的。所谓文化变迁，是指文化特质、文化模式、文化结构在内的一切文化上的变化。社会学理论认为，文化的变迁是社会进步和发展的主要动力，也是文化得以存在的形式和基本属性。文化变迁的实质是将原创文化融入现时社会中，并与现时社会的发展背景、外来相关文化进行全面的或部分的接触与碰撞，进而在接触与碰撞过程中形成鲜明的现代社会意义和价值对比，从而实现民族传统文化的当代转型与变迁。这一过程其本质应该是文化筛选的过程。对于文化的筛选过程，其基础是建立在对民族传统体育文化再认识和发掘过程上的，并且要求在这一过程中，找到一个民族传统体育文化与社会发展相适应的新的结合点。这一点对于我们构建民族传统体育发展的文化模式非常重要。

我国的民族传统体育项目种类多达977种。这样的一种数量和分布，是我们文化发展的物质基础和庞大资源系统。但由于我们国家和民族发展历程的特殊性，民族文化在过去的历史时期较少地与外来文化进行交流和碰撞，原创文化的含量在民族体育中的成分仍占有较大的或者说是决定的因素。我们民族长期关自守的文化发展模式，仍保持在农耕文化的社会发展水平。因此，在庞大的民族传统体育项目中，负载不同民族、地域文化特色的现实也就成为历史的必然。在众多的民族传统体育项目里，可以说它们的传统成分往往是决定性的，不论是运动过程中所体现的文化内涵、运动形式、运动器材和运动场所以及参与运动的主体，都或多或少地保留着封建的、不科学的或与现代社会发展不适应的成分。而这些成分的存在，. 从现代意义上讲是不合时代和社会发展潮流的，是民族传统体育向现代转型和发展的障碍，是民族传统体育文化中的糟粕。所以，发展民族传统体育，实现现代意义上的民族传统体育发展，就必须坚持文化发展过程的筛选原则。

对于我们来讲，不是所有的民族传统体育文化都能够在间一个时期发展成为理想的现代文化或者世界文化。尽管文化的全球化趋势越来越明朗，越来越迅速，但文化的融入和变迁是需要环境和时机的。文化的现代化发展，是建立在一定基础上的，是由原创文化本身的现代价值所决定的。所以，我们的筛选必须坚持“古为今用”的思想，坚持文化发展的先进性特质，划清文化遗产中民族性精华同封建性糟粕的界限。只有这样，我们民族传统体育文化的发展，才能够保持旺盛的生命力。

（三）民族传统体育的重塑

民族传统体育在21世纪的重塑，首先要求我们对中国传统民族体育进行全面的分析与综合、解构与重构、发掘与扬弃、转化与创新；必须以不断发展的社会观为指导，必须以体育所承担的社会功能为出发点，以人的可持续发展为目的；以现代体育观念为理论基础对中国民族传统体育实施解构、整合或重构。一方面，运用先进的西方体育思想、机制和观念指导民族传统体育的改良，即两方体育融入民族体育之中使其中国化；另一方面，加快中国民族传统体育的现代化进程。

只有坚持用科学的理论与方法对传统民族体育进行甄别、选择、更新和转化，才能实现真正意义上的民族传统体育的复兴。

民族传统体育的重塑，必须坚持体育服务大众、服务现代社会的发展改良观，这是一个重要原则。同时，必须建立文化的可同化观、可融合观，否则势必削弱民族传统体育的当代社会效用和文化效用。

在民族传统体育的重塑过程中，必须认识到传统体育中存在着阻碍民族传统体育健康发展的因素作为转化和发展对象，其自身由于历史的积淀，构成民族体育要素的成分是非常繁杂的。由此，我们应该承认，民族传统体育的自身结构中存在着精英文化和糟粕文化、主流文化和非主流文化，存在学术文化和大众文化、官方文化和民间文化，同时亦存在着本土文化和外来文化之分。今天的民族传统体育已经不同于19世纪前的纯民族传统体育，它的表现形式和内容在经历20世纪西方体育理论和方式影响和改良后，形成了既有本土体育的主要成分和精髓，又包含着外来文化的因子。

承认民族传统体育资源中有合理科学的成分，有适应社会发展的积极因素，这已基本成为不争的事实。如何发掘、利用这些资源和价值，至今仍见仁见智。我们认为，就体育发展的趋势而言，应当对民族传统体育从形式、作用、内容等多方面进行挖掘、整理、阐释、转化，从而使民族传统体育成为世界体育的一个有机组成部分，显示其民族特性的同时彰显其鲜明的世界特性。这应该是我们重塑民族传统体育追求的必然过程和结果。

对于民族传统体育的重塑，应该立足于对民族传统体育的现代社会意义的追求和改良。即将民族传统体育置身于世界的范围中进行评价和对比；将民族传统体育中的一些古老的命题，用今天或者未来发展的理论进行诠释，赋予其新的内涵，使其富有新的意义。要从现实的需要出发，通过对民族传统体育中积极的形式和内容的重塑，寻求传统体育中的民族智慧和当代效用，为解决当代社会健康问题、体育健康发展问题，提供新的体育发展思想方法与历史借鉴，补充并丰富现代体育的内容，才是真正意义上的民族传统体育的重塑。

二、民族传统体育在体育全球化背景下的发展途径

中国的民族传统体育是世界“文化财富”中的瑰宝，我们应该珍视我们民族独有的宝贵资源。在新世纪里，全球化给民族传统体育的传播和发展带来新的空间和发展机遇的同时，对民族传统体育有何影响？如何在全球化浪潮中发展民族传统体育？回答这些问题，我们必须做好以下几个基础工作。

（一）改进挖掘整理手段，丰富民族文化内涵，健全民族传统体育研究的学科体系

随着科学技术的进步，产生了各种新的研究手段和方法。利用现代声像技术，借鉴人类学的野外考察和参与观察的方法，深入民族聚居区进行实地调查，完整记录民族传统体育的原始素材、原始文化风貌，在此基础上，组织一批文化学、民俗学、民族学、体育学学者合作研究，坚持用严谨的态度与科学的方法对民族传统体育进行甄别、选择，进而进行全面的分析与综合、解构与重构、发掘与扬弃、转化与创新。阐释这一潜藏于民族传统体育中的民族精神和价值，抓住民族传统体育文化中的民族之魂。从民族传统体育的文化内涵中全面深刻地分析、推理出民族传统体育的本质特征，用现代的理论对民族传统体育中一些古老的命题进行诠释，赋予其新的内涵，使其富有新的意义；再结合现代体育的组织形式，对民族传统体育进行整合，既显示其鲜明的民族特性，又具有广泛的世界性，使民族传统体育屹立于世界文化的舞台之上，实现真正意义上的民族传统体育的复兴。同时，在挖掘整理和研究民族传统体育的过程之中，逐步建立和完善民族传统体育研究的学科体系，造就一批民族传统体育的研究人才队伍，使民族传统体育学的性质、对象、方法、内容等的研究工作系列化、系统化、科学化，为民族传统体育在新时期的发展奠定良好的基础。

（二）与文化传承相结合，开展广泛的民族传统体育的社会教育

对于大多数民族成员来说，对传统文化观念和知识的习得，更多的是依靠蕴藏于风俗习尚之中的学校教育。他们接触民族体育的途径，主要是节日庆典、宗教仪式、婚丧仪式、村寨间竞赛活动等。通过社会范围的大教育，潜移默化地将民族传统体育移植到年青一代民族成员的行为习惯里。宗教的权威性、神秘感强化了民族

体育在少数民族群众心目中的地位，使其以一种神圣、庄严的形象在少数民族人民心目中占据重要位置。民风民俗扩大了民族体育在少数民族群众生活中的普及性。而它与民族史诗、民歌民谣的结合又使其具有文化继承的必然性、必要件。这一传承途径具有很大的潜力。在改革开放的今天，不少民族地区都开展了民俗旅游活动，以经济效益的开发来保证民族文化的长足发展。民族体育作为节日民俗的主要角色，将随其发展而发展。

（三）寻求竞技化途径，扩大民族传统体育发展的领域

目前，在我国，各省市自治区基本上都已形成开展民族体育运动会的制度，这为各民族的传统体育项目提供了展示的舞台。从九运会奖牌获得情况看，民族地区在一些民族传统体育（或相近似）项目上，显示出较强的民族优势。如内蒙古自治区有广为开展且已形成制度的“那达慕”大会作为根基，因而在摔跤、马术等项目上占有优势。因此，突出地方民族特色，以“那达慕”这种形式出现的地域性较强的民族体育运动会，应被视作中华民族传统体育竞技化模式改造的方向。强调东方运动会还必须与奥林匹克运动有所区别，要更体现人性，更富有亲和力，更少功利的追逐，更强调多民族文化的融合和相互理解。以全新的活动方式——不是精英型的选拔式和强力展示，而是联欢型的体育节和娱乐参与。注重对健康、健身、休闲的表达，关照老年人、妇女等群体的体育参与倾向，以及对一些人群寻求新的体育形式的时尚性关注。

（四）民族传统体育要积极与世界文化互动，与世界文化共荣

新世纪的中国已成为一个全方位开放的社会，世界各国的文化包括体育文化会迅猛地涌进，对中国文化包括体育文化形成冲击和影响，成为中国各民族传统体育发展的文化动因，而中国体育文化也会走出国门，流向世界，参与世界体育文化建设，成为世界体育文化的组成部分。如何在世界体育文化的视阈内关注中国民族传统体育；研究中外体育文化的异同；寻找中国体育文化与外国体育文化的契合点；以本民族传统体育为根本，参与世界体育文化的对话与交流，是中国民族传统体育研究所面临的新的课题。首先，全球化使不同区域、不同民族的民族传统体育得以交流，使各民族传统体育产生了互动。今天，足球、篮球、排球、柔道、跆拳道等体育项目吸引着世界各地的人，成为大多数国家体育的主体，这正是各民族传统体育产生互动的结果。开放的中国正敞开胸怀拥抱世界，融入世界文化，这为中国民族传统体育走向世界提供了条件。中国民族传统体育要站在世界的高度来审视自己，

积极参与世界文化的交流，自觉摒弃一些不符合科学原理、缺乏时代感的原始因素，放弃一些原生的本民族文化特质，发挥竞争、强体的精神价值，借鉴现代体育竞赛规则、运动技战术、教学训练手段、竞赛组织与管理的基本理论方法，对一些民族传统体育项目进行改造、整合，使之既富于时代性又保持民族特色，完成传统与现代的融合，使传统体育走上科学化、现代化的道路，实现自身的创新发展，并为促进国际体育文化的进步做出积极贡献。

时代进步了，民族传统体育正处在一个全新的环境，机遇与挑战并存。民族传统体育再不可能单靠政府行政部门的推广就可以发展，而必须以自身价值为基础，跟上时代的步伐，借鉴现代手段，融入世界，才能与世界文化共荣。

（五）与学校体育教育紧密结合，建立科学的民族传统体育的教学体系

大多数游戏都是在近代以学校作为中介完成了向高水平竞技项目发展的过程。学校是传承发展民族体育的中介，是原始体育形态走向规范化、科学化、普及化的必由之路。我国少数民族体育项目蕴涵鲜明的民族文化特色，其表演性、娱乐性强，场地要求又不高，技术也不复杂，具有很好的健身与娱乐功效。除了作为一种民族文化传统进行保护与传承之外，作为一种体育活动纳入全民健身体系也是完全可行的。最切实可行的一条途径还是将其纳入学校体育教学，尤其是少数民族地区的学校。唯有这样，才能保证其长足发展。遵照人体发育规律，优选利于中小学生开展的项目，延伸与扩大到教材中去，使教材更具有民族性特点，无疑对学校体育教学内容的补充也具有积极的作用。具体可以从民族学校的校园文化建设和民族体育课程的设置和竞技项目的训练两个方面着手。少数民族传统体育所需器材、设施要求不高，多数是可以通过手工操作达到的，如傣族“丢包”所用的花包、藏族“大象拔河”所用绳索、被许多少数民族所共有的“打陀螺”项目所用的陀螺。

对民族体育活动在学校的开展给予一定政策与规章制度上的重视和支持，号召体育教育者加深对民族传统体育的认识，在思想上加强重视程度，并在实际工作中积极宣传、推广，有针对性地在运动项目的竞赛办法、比赛器材或规则上加以完善。在课程中可以在学校设立与少数民族节日及英雄事迹相结合的民族体育，并在学校中开展民族体育经济项目的专门训练活动。

（六）走生活化道路，便于民族传统体育的可持续发展

任何一个国家和民族的体育形式要为世界人民所接受，首先是要在自己国家有广泛的群众基础。走“生活化”道路是中华民族传统体育可持续发展的一个重要途

径。随着我国综合国力的大幅度提高，整个社会物质财富的极大丰富，人们的日常生活已由关注基本的物质生活资料的获取转化为关注生活质量的提高，物质生活需要与精神生活需要并举。长年流传于人民日常生活中的民族传统体育，深受广大群众喜爱，有着广泛的群众消费基础，加之民族体育投入少、价值低，符合大众的消费能力。因此，一些已具备市场发展条件的项目或活动时以进入市场开发。现阶段，一些民族传统体育项目已经走上了产业化道路，如舞龙、舞狮等，并实行了较好的市场运作方式。

第三节 民族传统体育发展的意义与策略

一、民族传统体育继承和发展的意义

中华民族在漫长的文明历史演进过程中，创造出辉煌灿烂的文化，至今令我们引以为豪。民族传统体育中的哲学思想博大精深，内容极为丰富，它因以中国所特有的思维方式、理论形态、价值取向、精神意境和语言风格为指导，而形成独立的体育体系。民族传统体育作为民族文化的遗产，它弥漫于整个社会的存在，更多地体现在老百姓的日常生活之中。先民习以为常的社会交往、家居生活、礼仪风俗、衣食住行、休闲游艺，无不透着中华民族丰富的想象力和智慧，而且世世代代相传。对于民族传统体育而言，在漫长的历史长河中，已形成了具有深厚文化底蕴的、发展成为体系的、具有代表性特征的民族传统体育项目，它们在中国文明史上扮演着重要的角色，承载着丰富的历史信息，成为中国五千多年文明的一种象征。

我国的民族传统体育项目种类繁多，是我们文化发展的基础和庞大资源系统。尽管这些项目中的一些内容，由于受其传承方式、产生地域的限制和影响，基本处于自生自灭的状态，甚至有些民族传统体育项目往往是在没有受众者的情况下，就如断线风筝，即刻消失，人去曲终了。可以说，每一刻在我们的身边都会有一些民族传统体育项目消失，都有一些具有显著民族特质的运动项目在城市化进程中，伴随着古村落的消亡，从它的原生地消失。它们也许会失却得无声无息，好似烟消云散。

面对民族传统体育这样一种存在和继承的危机，我们绝对不能让自己的文化损失在我们这一代人的手中。假如我们视而不见，我们就会丢失维系着民族团结和发展几千年的情感文化，就会丢失我们民族区别于其他民族的文化特征。尽管在近代，由于西方体育的发展走在了前头，我们民族体育的发展落在了后面。但我们不能因

此而沮丧，我们应当立志图强、奋起直追，虚心向西方体育学习，凡是好的、有用的都应该去学。但如果由此而丢弃我们民族传统体育，便会失去自我的根基，忘记我们民族传统体育存在的价值，那我们恐怕就会在发展和倡导现代体育、西方体育、奥林匹克运动的过程中，成为民族的罪人。

一个民族一旦失去自己民族的文化传统，尤其是标志文化特质、体现文化灵魂的哲学思维传统，历史证明是很难自立于世界民族之林，终究是要淘汰出局的。在世界体育，特别是现代奥林匹克发展中出现新的理念的今天，民族传统体育的发展同样处于这样一种态势之中。如果对于这些人类共同拥有的体育文化遗产和财富，在我们这代人之手里不说中断传统、丢失遗产，即使它未能发挥出原本就有的光辉和作用，那也是我们严重的失职，甚至是罪孽。

体育是一种文化，这也是已成为共识的结论。当我们承认文化具有显著的差异性的同时，那就应该承认体育也存在明显的民族差异性。从文化本身来看体育，西方体育也好，我们民族传统体育也好，实际上都是满足人生存需要的一种文化。体育的实质是锻炼人、陶冶人、教育人的工具和方法，这一点应该是评价体育的根本所在。过去按照西方体育，特别是西方竞技体育的样式理解体育显然是片面的。因此，在我们否定西方体育作为体育判定的唯一标准建立以后，民族传统体育继承与发展的状况，也许就会有所改观。

从西方体育发展的历史轨迹来看，西方体育、竞技体育从来就没有什么固定不变的模式，从现代奥林匹克的诞生之日起，自身从 1894 年到现代就已经历了多次、多种不同内容的变革，大到组织形式、竞赛内容、竞赛办法，小到裁判细则、项目取舍等。可以说，传统体育、西方体育、奥林匹克运动在经历了历史的洗礼后，曾经都形成了历史与现代的反差。如果仍用顾拜旦的奥运标准作为体育判定的前提，其结果只能得出今天的体育已不是体育的结论。因此，我们应该对发展民族传统体育的继承和发展充满信心。

对于民族传统体育我们应该清醒地认识到，不是我们情愿不情愿继承它的问题，是我们必须认识清醒，并不能回避对它的发展和继承应承担的历史责任和义务。民族传统体育作为人类文化的重要遗产，自有它的特殊功效和价值，正如冯骥才在接受记者采访时所说的“民间文化是中华民族精神和情感的重要载体，是民族亲和力和凝聚力的核心”一样，民族传统体育同样具有此类功效。因此，作为中华民族传统体育的原创民族，我们不似不应忽视它的存在意义，而且还应发挥我们之所长，充分利用我们现有的民族传统体育资源，为创造人类未来新的体育文化做出应有的贡献，这样我们才不会愧对祖先、愧对人类。

二、民族传统体育未来发展的策略

（一）实现本土化策略

我们提出实现民族传统体育的“本土化”和世界体育的“全球化”的统一，在发挥政府的主导作用的基础上加强民族传统体育的宣传教育，健全法律制度等措施来应对宏观层面的问题。

首先，实施本土化策略，正确应对市场化的冲击。一方面，实施本土化策略就是让各个民族在传统体育文化的现代化发展过程中，根源于自身传统体育的历史、习惯、生活方式、符号、信仰、价值观等重新得到尊崇。我们要挖掘中国体育文化中儒家、道家文化根源，发现民族传统体育中的“天人合一”“阴阳五行”的思想深邃，“追求的是一种内涵，一种境界，以实现道德和精神的升华作为最高境界”[①]。另一方面，民族传统体育之所以面临生存危机，与市场化的不合理运作也有密切关系。要把挖掘民族体育的优秀文化与经济发展结合起来，运用市场机制，拓宽投资渠道，建立科学的筹资机制，大力吸引社会资本流向民族传统体育市场，在民族传统体育的产业化经营方而进行积极探索，开创有效的市场运作模式。

其次，加强民族传统体育宣传教育，正确应对媒体的偏向。面对现代媒体的话语权，我们要加强民族传统体育的宣传，提高民族传统体育的地位。一方面把民族传统体育引入学校教育，开设知识性、表演性、趣味性比较强的项目，创编民族传统体育教育读本、音像资料等，使其成为学生素质教育和特长考核的重要内容，逐渐渗透到教学活动之中；另一方面广泛发展社会教育，利用各种文化场所、宣传栏、录像室开展民族传统体育知识讲座、文化知识培训和鉴赏活动，使民族传统体育得到有效的普及和推广。

最后，发挥政府的主导作用，健全法律法规。政府作为非物质文化保护的主体，对民族传统体育的保护起者至关重要的作用。如果没有政府的政策扶持，民族传统体育就会被永远“边缘化”。政府的主导机制意味着政府负有对民族传统体育文化保护和扶植的责任。一方面，政府要采取保护性的策略，应在挖掘、搜集、整理、研究投入必要的专项资金进行抢救性的保护。特别是保护好民族传统体育文化的优秀项目、绝技、传人和名作；用音像、文本或者超文本等形式将率物以静态或动态的方式出现或表现出来；用博物馆的形式将原貌保存下来。另一方而，要进一步健全

① 北京市哲学社会科学规划办公室，北京市教育委员会，北京人文奥运研究基地．人文奥运研究报告 2007[R]. 北京：同心出版社，2007:23.

和完善相关法律法规政策，制定民族传统体育保护的总体规划，加强民族传统体育文化保护的立法工作，明确民族传统体育保护的法律地位。

（二）维护民族体育自主权

在民族体育发展中，自身价值体系的确立是维系民族体育繁荣与发展的基础。从文化学角度来看，现代体育文化无论从物质层面、精神层面，还是制度层面都已经形成了完备的体育。构筑在现代科学技术基础上的现代体育科技，引入到体育发展的各个领域，已经成为现代体育发展不可分割的重要组成部分。继科学主义之后的个人主义的重新唤起，“以人为本”呼唤对人的终极关怀，为现代体育的人文因素注入了新的内涵，为现代体育发展提供了强大的精神武器。现代体育的勃兴与资本主义市场经济发展不无关系，体育运动中的竞争似乎是对市场所崇尚竞争的最好的诠释。因为现代体育成为世界体育发展的主体。但绝不能因为现代体育的“完美”而放弃本民族体育。从客观上讲，民族体育是民族文化重要的组成部分，是人类文化不可或缺的重要内容。另外，作为民族中的一员，对本民族文化遗产的继承与发扬也有不可推卸的历史责任。在我国，56 个民族构成了中华民族这个大家庭，民族体育更是博大精深，是构筑民族文化的重要基石。对民族体育的发掘整理并使其进一步发扬光大，对弘扬遗传性的优秀文化，树立民自信心和提高民族自豪感，都有极其重要的现实意义。

（三）构建多元保护策略

在我国民族传统体体育文化遗产保护的具体对策上，应以降低民族传统体育保护的风险强度为目标，构建多元保护策略，优先保护体育文化传承人，建立专业保护队伍以及注重发动社会力量。首先，优先对继承者的保护和培养。对于民族传统体育遗产来说，那些创作并传承这种传统体育的人，及其具有的专门知识与高超肢体技能，是接近文化遗产“非物质形态”属性的本真，更符合“非物质文化遗产”的内涵，是其真正的灵魂。因此，我们在进行民族传统体育文化遗产的保护时，不仅要满足于对物态成果的搜集与保存，而且要保护那些更具根本价值、可以不断创造出这些经典之作的人及其智慧与杰出才能。

其次，建立专业保护队伍和研究机构。由于我国民族分布广泛而分散，大多地处偏远，环境复杂，建立针对民族传统体育保护和研究的专门机构，协调分工，组织科研，组建一支高效的传统体疗文化保护队伍，发挥“专兼结合”的优势十分必要。在专业研究人员方面，应抓好专兼结合的工作队伍建设，充分利用已有的民族传统体育文化研究方面的成果，发挥研究机构和学术机构的作用，同时也要组织一部分有此方面专业知识的人员深入到各基层，专职进行民族传统体育文化保护的研究和实践工作。最后，动员社会力量积极参与。在保护和继承传统文化中，应注意发挥和协调政府、社会组织团体、群众等全方位的力量和资源。政府起到良好的带头作用，社会的团体组织则要积极的呼应和引导，鼓励群众积极参与，发动全民的积极性和能动性，三者相互辉映。

参考文献

[1] 陈德钦 . 中国—东盟民族传统体育文化内涵及特征 [J]. 体育成人教育学刊 , 2017, 33(6): 34–36.

[2] 陈炜 , 文冬妮 . 桂滇黔少数民族传统体育文化资源开发利用的现状及前景 [J]. 贵州民族研究 , 2012, 33(5): 167–172.

[3] 陈炜 , 钟学进 , 张露露 . 基于开发方式的传统体育文化资源利用模式研究——以桂滇黔民族地区为例 [J]. 贵州民族研究 , 2013, 34(6): 229–232.

[4] 冯霞 , 杨勇 . 少数民族传统特色文化资源保护与开发利用——以广西马山县为例 [J]. 原生态民族文化学刊 , 2013, 5(1): 138–143.

[5] 甘启足 . 广西民族传统体育文化生态圈构建探析——以融水苗族“百节之乡”为例 [D]. 南宁 : 广西民族大学 , 2013.

[6] 何飞 . 广西民俗体育旅游资源开发与保护研究——以宾阳炮龙节为例 [D]. 南宁 : 广西民族大学 , 2014.

[7] 李俊果 . 民族文化认同视域下广西与东盟龙狮运动发展研究 [J]. 体育科技 ,2018, 39(3): 57–58.

[8] 梁平安 . 广西与东盟国家体育教育交流与合作的研究 [J]. 体育科技 , 2015,36(4): 150–151, 157.

[9] 刘汉生 .“一带一路”背景下对我国优秀民族传统体育文化传播探析 [J]. 武术研究 , 2018, 3(2): 96–98.

[10] 刘宏超 .“一带一路”背景下我国优秀传统体育文化传播的思考 [J]. 辽宁体育科技 , 2017, 39(6): 82–84.

[11] 马佩佩 . 广西少数民族传统体育资源规划及保护性开发 [D]. 南宁 : 广西师范学院 , 2013.

[12] 彭莲珺 . 广西面向东盟的体育传播活动研究 : 现状、问题与对策 [D]. 南宁 : 广西大学 , 2014.
[13] 彭业仁 , 陈惠娜 , 叶素英 . 区域少数民族传统体育文化资源的开发模式研究——以广西滨海地区为例 [J]. 桂林航天工业学院学报 , 2016, 21(1): 113–117.
[14] 秦言多 . 生态视角下广西少数民族体育的传承与创新研究 [J]. 运动 , 2015(16): 141–142, 2.
[15] 史伟 . 广西民族传统体育文化与旅游产业融合发展问题与对策分析 [J]. 中国市场, 2017(11): 69–70, 77.
[16] 王德彬 . 基于项群理论的桂滇黔少数民族传统体育文化资源旅游开发 RMP 分析 [J]. 桂林师范高等专科学校学报 , 2016, 30(4): 17–22.
[17] 王浩 , 李乃琼 , 尹继林 , 等 . 东盟民族体育文化的融合发展及其启示 [J]. 广西社会科学 , 2018(6): 90–92.
[18] 王军 , 刘小明， 向军 . 广西民族传统体育生态危机与发展策略 [J]. 体育科技 ,2015, 36(1): 25–26, 29.
[19] 王柯 , 刘其龙 , 黄坚 , 等 . “产业融合”背景下广西民族体育文化产业与旅游产业开发与融合研究 [J]. 体育科技 , 2018, 39(4): 82–84.
[20] 王妍妍 . “一带一路”背景下我国体育文化的传播研究 [D]. 曲阜 : 曲阜师范大学 , 2017.
[21] 魏建军 . 少数民族传统体育文化资源开发利用的保障机制——以桂滇黔地区为例 [J]. 广西民族师范学院学报 , 2013, 30(2): 24–27.
[22] 魏建军 . 西南地区少数民族传统体育文化资源开发利用的必要性及意义 [J]. 桂林师范高等专科学校学报 , 2013, 27(2): 58–62.
[23] 许莉 . 广西与东盟民族传统体育的融合与发展研究 [J]. 体育科技 , 2014, 35(6): 22–23.
[24] 薛建新，梁华丽 . “一带一路”背景下广西公共体育服务与文化发展的理论研究 [J]. 山东体育科技 , 2018, 40(1): 35–38.
[25] 杨力 , 周小青 , 张冬琴，等 . “一带一路”背景下我国民族传统体育文化传播手段研究 [J]. 中华武术 (研究), 2018, 7(11): 77–81.
[26] 杨文芳 , 莫世宇 . 广西民族传统体育竞技后备人才培养存在的问题及对策研究 [J]. 运动精品 , 2018, 37(7): 68–69.
[27] 张承仕 . “一带一路”背景下广西与东盟国家体育交流与合作现状及发展模式研究 [D]. 南宁 : 广西民族大学 , 2017.

[28] 张华 , 尹继林 , 陈德钦 . 广西与东盟民族体育文化交流合作的效应研究 [J]. 体育科技 , 2018, 39(4): 40–41, 44.

[29] 张沛锋 . 广西少数民族传统体育的继承与发展 [J]. 体育文化导刊 , 2014(7): 44–47.

[30] 张永 . 广西壮侗民族传统体育文化特征探析 [J]. 玉林师范学院学报 , 2011, 32(2): 93–96.

[31] 张泽君 , 隋凤娟 , 张建华 , 等 . “一带一路” 倡议背景下我国体育文化国际传播的机遇、挑战与路径 [J]. 体育成人教育学刊 , 2018, 34(5): 68–73.

[32] 朱岚涛 , 陈炜 . 广西少数民族传统体育文化资源调查研究 [J]. 广西民族研究 , 2012(3): 146–153.

[33] 祝海霞 . 现代社会传承中广西民族体育特色之乡发展研究——以百色市靖西县为例 [D]. 南宁 : 广西民族大学 , 2014.

[34] 庄严 .“一带一路”背景下广西面向东盟开展文化传播的思考 [J]. 出版广角 ,2016(13): 40–42.